- ✓ 자유학기제
- ✓ 자기주도학습전형
- ✓ 고교학점제 전환기

KB184935

활동 기록 찬란한
학교 생활 워크북

활기찬

나만 알고 싶은 시크릿 가이드

저자 **이윤형 · 김민정 · 조은경**
기획 **정동완**

박영story

저자소개

이윤형

現 경남 진주동중학교 교사 | 진로지원 프로그램 운영 교사 | 교실수업개선 및 진로체험동아리 운영
전국 사이언스 페어 운영위원 및 종목 팀장 | 학생 참여형 수업 선도학교 지원단 연구원
과학과 평가 모델 개발 연구원 | STEAM 심화, 기초연수 멘토 | STEAM 교육 지원단 연구원
미래교육 컨퍼런스, 미래형 과학교실 강사 | 학생참여형수업 온라인토론회, 지능형 과학교실 구축
학생참여형 수업가이드, STEAM 수업가이드 등 집필 | 올해의 과학 교사상, 교육부장관상, 과학기술부장관
등 다수 수상 | 교사, 학부모, 학생 특강 400회 이상

010-2463-0110 | love0000@hanmail.net

김민정

現 대천서중학교 진로진학상담 교사 | 교육부 전국 특성화고 교수학습연구대회 1, 2등급 수상
NCS기반 고교 직업교육과정 학교 컨설팅 지원단 | 교육부 전문교과 교수학습자료 3개년 제작
전국 및 충남 특성화고 마이스터고 연구대회 강사 및 컨설턴트 | 교육부 및 충남 학교생활기록부 현장실무지원단
교육부 및 충남 직업계고 고교학점제 컨설턴트 및 강사 | 충남 직업계고 AI 교육과정 설계 및 개발
충남 직업계고 직업기초능력교수학습 방법 지원단 | 충남 직업 인공지능 소양(고시 외 과목 자료 제작, 직업
계고 채움 119 자료 제작) | 충남 노동인권교육 강사 | 에듀스 충남 원격 교수학습 자료(영상 및 교재) 개발
2022 개정교육과정 진로와 직업 교과서 개발 검토위원 | 교육부장관상, 교육감상, 교육장상 등 수상

skyblue7150@ai.cne.go.kr

조은경

現 인천 제물포여자중학교 진로진학상담 교사 | 진로연계학기 드림페스티벌 집필
교과세특 추천도서 300 의약·자연계열 집필 | 진로진학상담 마중물 고입전형지원팀
인천사이버진로교육원 콘텐츠 개발팀 | 2022 진로와 직업 교과서 검토위원
올해의 교사상, 교육부장관상, 교육장상 등 수상

happyrainn@naver.com

정동완

現 교육전문가 봉사단체 '오늘과 내일의 학교' 회장 | 교육부 인가 비영리사단법인 '가르치는 사람들의 재능
나눔 네트워크' 초대회장 역임 | EBS 진로진학 대표강사 역임 | 베스트셀러 『나만 알고 싶은』 『오답의 모든
것』 시리즈 등의 책 84권 기획 | 『AI 진로진학 My Best 컨설팅 프로그램』 『AI 동화작가』 기획과 자문
교원연수 티처빌 '과제탐구 마스터', 티셀파 '자존감 수업', '강의의 품격' 등 다양한 원격연수 총괄기획
진로, 진학, 공부, AI 관련 특강 및 캠프 운영 2,000회 이상 진행 전국구 인기강사

특강 및 프로그램 활용 문의 010-9045-5874

활동 기록 찬란한
진로 진학 워크북 활용법

1. 워크북의 구성

활동 기록 찬란한 진로 진학 워크북은 크게 여섯 개의 교시로 나누어져 있습니다. 1교시는 중학교 생활을 알아가는 슬기로운 중학 생활 내용으로 구성되어 있습니다. 2교시는 자기를 이해하고 진로를 탐색하는 진로 탐색 워크북입니다. 3교시는 학생 개 개인의 유형별 학습 코칭 활동을 도와주는 워크북입니다.

4교시에서는 학생의 활동에 날개를 달아 스펙을 업하는 워크북으로 구성되어 있고 5교시에서는 고등학교 교육 과정을 미리 알 아보고 이해를 돕는 내용으로 구성되어 있습니다. 마지막 6교시에서는 학생이 꿈꾸는 미래 직업에 대한 워크북입니다. 활동 기 록 찬란한 진로 진학 워크북은 중학교 진로끝판왕을 활용할 때 매뉴얼로 사용하기에 아주 적합합니다. 중학생이 자신의 알찬 중학교 생활과 진로 탐색, 학습코칭, 고등학교 생활 준비, 나아가 미래의 내 꿈까지 생각해 볼 수 있게 구성되어 있습니다.

> 1교시 슬기로운 중학 생활 - 중학생활 안내
> 2교시 진로네비게이션 - 진로 탐색
> 3교시 학습 코칭 - 성적 향상
>
> 4교시 스펙업 프로젝트 - 학생부 관리
> 5교시 미리 알아보는 고교생활
> 6교시 꿈꾸는 미래 직업

2. 워크북의 활용

이 워크북은 중학교 생활을 이해하고 자신의 진로에 대해 관심이 많은 중학생이나 고등학교를 미리 준비하고 싶은 중학생에게 도움이 될 것입니다. 중학생활 끝판왕을 참고하면 기록에 훨씬 유리하고 학교 활동을 기록하여 소통지로 사용하면 더욱 좋습 니다.

학생 활용법

활기찬 진로 진학 워크북을 사용하는 학생은 이렇게 활용해 보세요. 1교시는 중학교 생활에 대한 이해도를 높이고 중학교에 대 한 정보를 확인해서 중학교 생활을 알차게 하는 데 도움을 줄 수 있습니다. 2교시에서는 자기 이해를 통해 자기를 알아가고 자 신의 적성에 맞는 진로의 방향을 탐색하는 활동을 할 수 있습니다. 3교시에서는 학생의 학습 습관을 점검하고 유형별 학습 방 법에 대한 활동을 디자인하게 됩니다. 4교시에서는 나를 업그레이드 할 수 있는 방법에 대한 안내와 독서, 과제 탐구 등의 방법 을 활동하게 됩니다. 5교시에서는 진로 연계 학기나 고교학점제 등 에 대해 미리 접해 볼 수 있는 활동을 할 수 있습니다. 마지 막 6교시에서는 미래 역량을 배우고 생각하여 앞으로 직업이 나가갈 방향에 대해 활동합니다.

활기찬 진로 진학 워크북을 이용하여 3년간의 활동을 기록해 두세요. 매년 학생부 기록을 하면 중3이 되어 고등학교에 진학을 준비할 때 큰 도움을 받을 수 있습니다. 꼭 이 워크북을 소장해서 중학교 생활의 성장 기록지로 잘 활용해 봅시다.

교사 지도법

중학생활 끝판왕 교육을 위한 활동 지도
행동특성의 기록 누적하도록 지도
3년간 활동을 기록해, 매년 학생부 기록과 면접 등 참고 자료로 활용 가능
학생 자료 교사 간 공유
워크북을 활용해서 중학교 생활의 성장 기록지로 활용
중학교 입학 전 초등학생, 중학생이 3년간 활동 기록 지도 자료로 활용

활동지(소통지) 활용법

활동기록 진로 진학 워크북을 수업에 어떻게 활용하는지 워크북을 이용한 예시로 설명해 드릴게요.

1. 활동 일자

활동지 위에 날짜를 적을 수 있게 빈칸이 있습니다.

20   년   월   일

여기에 활동한 연도와 날짜를 기록해서 몇 학년에, 어느 시점에 한 활동인지 파악할 수 있게 기록하도록 지도합니다.

2. 활동 체크

워크북은 자율활동이나 동아리활동, 진호활동의 창체 수업에 활용 가능합니다. 또한 진로수업과 교과수업에도 활용이 가능하기 때문에 어느 수업에서 한 것인지 확인할 수 있는 빈칸도 넣었습니다.

□자율활동 □동아리활동 □진로활동 □진로수업 □교과수업 ※해당활동에 체크

학생들과의 수업에서 활동하실 때 해당되는 영역에 체크를하게 해서 그 근거로 학생부 기록에 참고하시면 되겠습니다.

3. 성취기준

각 활동마다 해당되는 성취 수준을 보시고 구체적인 수업 목표를 잡아서 수업을 준비하실 수 있게 성취기준을 넣었습니다.

성취기준 [9진04-03] 잠정적인 진로 목표와 관련된 다양한 교육, 진로 경로를 계획할 수 있다.

해당 활동의 성취기준을 기반으로 교육 목표 설정과 학생부 기록에 참고하셔서 도움이 되시길 바랍니다.

4. 매뉴얼 책 쪽수

활동지는 매뉴얼이 되는 책(진로끝판왕 시작편, 완성편)의 해당 주제 쪽수가 적혀있습니다.

교재쪽수 진로끝시작편 49~50p

진로끝판왕 시작편과 완성편을 지도 매뉴얼로 참고하시면 수업준비와 학생활동 체크 등 활용이 편리하십니다.

5. 활동

평소 내가 잘한다고 생각하는 것에 체크해 보자.

지능	내용	체크
인간친화지능	다른 사람의 마음, 감정, 느낌을 잘 이해하는 능력	
	다른 사람과 효과적이며 조화롭게 일할 수 있는 능력	
	타인의 현재 상태가 어떠한지 추론할 수 있는 능력	

활동지를 이용해서 수업을 진행하실 때, 다음과 같은 수업 진행 방식을 추천해 드립니다.
한 시간 약 45~50분 정도의 수업을 계획하실 때의 수업 스토리 보드입니다.

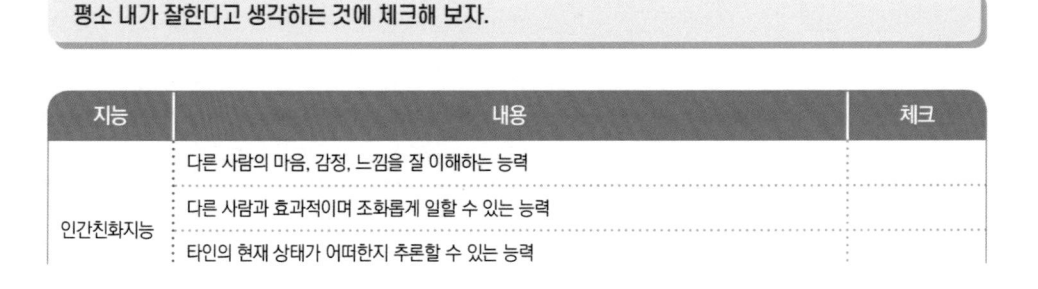

관련 설명 **5~10분**	활동 및 기록 **10~15분**	그룹 및 개인 발표 **20~25분**	전체 피드백 **5~10분**
1단계	2단계	3단계	4단계

학생들과 활동지를 가지고 손쉽게 진로 진학 수업을 이어가시도록 준비한 자료이니 편하게 쓰시면서 즐거운 수업이 되시길 희망합니다.

contents

1교시 · 슬기로운 중학 생활

1. 중학 생활 미리보기

1-1 우리 학급의 시간표 작성하기 ⋯⋯⋯⋯ 010
1-2 우리 학교의 학사일정 정리하기 1 ⋯⋯⋯ 012
1-3 우리 학교의 학사일정 정리하기 2 ⋯⋯⋯ 014

2. 학교알리미 활용하기

2-1 우리 중학교를 소개합니다 1 ⋯⋯⋯⋯ 016
2-2 우리 중학교를 소개합니다 2 ⋯⋯⋯⋯ 017

3. 자유학기제 미리 보기

3-1 우리 학교의 자유학기제 조사하기 1 ⋯⋯ 019
3-2 우리 학교의 자유학기제 조사하기 2 ⋯⋯ 021
3-3 자유학기에서 찾은 나의 꿈 ⋯⋯⋯⋯⋯ 022

4. 자동봉진 준비하기

4-1 자동봉진이란? 1 ⋯⋯⋯⋯⋯⋯⋯⋯ 023
4-2 자동봉진이란? 2 ⋯⋯⋯⋯⋯⋯⋯⋯ 025
4-3 우리 학교 자동봉진 분류하여 기록하기 1 ⋯ 026
4-4 우리 학교 자동봉진 분류하여 기록하기 2 ⋯ 027
4-5 우리 학교 자동봉진 분류하여 기록하기 3 ⋯ 028
4-6 우리 학교 자동봉진 분류하여 기록하기 4 ⋯ 029
4-7 우리 학교 자동봉진 분류하여 기록하기 5 ⋯ 030
4-8 우리 학교 자동봉진 분류하여 기록하기 6 ⋯ 031

2교시 · 진로네비게이션

1. 자기이해 및 진로 탐색하기

1-1 자기 이해하기 1 ⋯⋯⋯⋯⋯⋯⋯⋯ 034
1-2 자기 이해하기 2 ⋯⋯⋯⋯⋯⋯⋯⋯ 035

2. 커리어넷 & 워크넷 활용하기

2-1 진로정보망 커리어넷 ⋯⋯⋯⋯⋯⋯⋯ 036

3. 계열성향검사 해보기

3-1 계열성향검사 결과 기록 ⋯⋯⋯⋯⋯⋯ 042
3-2 진로명함 만들기 ⋯⋯⋯⋯⋯⋯⋯⋯ 044

4. 진로체험활동 해보기

4-1 랜선 진로체험활동 하기 ⋯⋯⋯⋯⋯⋯ 045

3교시 학습 코칭

1. 유형별 학습 코칭
1-1 나의 학습습관 점검하기 ⋯⋯⋯⋯⋯ 048
1-2 학습 전략 디자인하기 ⋯⋯⋯⋯⋯ 050
1-3 나의 공부 성향 1 ⋯⋯⋯⋯⋯ 051
1-4 나의 공부 성향 2 ⋯⋯⋯⋯⋯ 052
1-5 나의 시간 관리 매트리스 ⋯⋯⋯⋯⋯ 053

2. 플래너 작성하기
2-1 스터디 플래너 ⋯⋯⋯⋯⋯ 054
2-2 지필고사 공부 계획 1 ⋯⋯⋯⋯⋯ 055
2-3 지필고사 공부 계획 2 ⋯⋯⋯⋯⋯ 056

3. 성적표 제대로 읽기
3-1 성적표 제대로 읽기 1 ⋯⋯⋯⋯⋯ 057
3-2 성적표 제대로 읽기 2 ⋯⋯⋯⋯⋯ 058

4. 메타인지 활용 공부법
4-1 나의 메타인지 알아보기 ⋯⋯⋯⋯⋯ 061

5. 과목별 학습법
5-1 과목별 학습법 ⋯⋯⋯⋯⋯ 062

6. 교과세특 기록하기
6-1 교과세특 내가 작성해보기 1 ⋯⋯⋯⋯⋯ 063
6-2 교과세특 내가 작성해보기 2 ⋯⋯⋯⋯⋯ 064

7. 쉬는 시간
7-1 내 학습 무기들 살펴보기 ⋯⋯⋯⋯⋯ 065

4교시 스펙업 프로젝트

1. 스마트한 포트폴리오
1-1 나에게 맞는 포트폴리오 찾기 ⋯⋯⋯⋯⋯ 068

2. 독서 활동
2-1 나의 진로도서 선정하기 ⋯⋯⋯⋯⋯ 069
2-2 독서로 하는 과제탐구 ⋯⋯⋯⋯⋯ 070
2-3 교과연계 과제탐구 ⋯⋯⋯⋯⋯ 071

5교시 미리 알아보는 고등학교 생활

1. 진로연계학기
1-1 진로연계학기 알아보기 ⋯⋯⋯⋯⋯ 074
1-2 고등학생이 된 나를 표현하기 ⋯⋯⋯⋯⋯ 075
1-3 나의 미래를 위한 진로독서 맛보기 ⋯⋯⋯⋯⋯ 076
1-4 나의 중학교 생활 돌아보기 ⋯⋯⋯⋯⋯ 078

2. 고등학교 생활 맛보기
2-1 고등학교 유형 살펴보기 ⋯⋯⋯⋯⋯ 079
2-2 고등학교 생활 엿보기(일과 및 시간표) ⋯⋯⋯⋯⋯ 081
2-3 고등학교 생활 엿보기(교육과정) ⋯⋯⋯⋯⋯ 083
2-4 고등학교 생활 엿보기(학사일정) ⋯⋯⋯⋯⋯ 085
2-5 고등학교 생활 엿보기(학교생활기록부) ⋯⋯⋯⋯⋯ 086
2-6 슬기로운 고등학교 1학년 생활 ⋯⋯⋯⋯⋯ 087
2-7 건강한 고등학교 생활 맞이하기 ⋯⋯⋯⋯⋯ 088

3. 미리 알아보는 고교학점제
3-1 고교학점제 함께 알아보기 ⋯⋯⋯⋯⋯ 089
3-2 교육과정 편제표 해석 ⋯⋯⋯⋯⋯ 092
3-3 직업계고의 학점제 ⋯⋯⋯⋯⋯ 093
3-4 직업계고의 제도 안내 ⋯⋯⋯⋯⋯ 094

6교시 　미래 기술로 알아보는 미래 직업

1. 인공지능의 개념과 특성

1-1 인공지능 개념 알기 ⋯⋯⋯⋯⋯ 100

2. 인공지능과 직업

2-1 인공지능이 가져올 직업의 세상 알기 ⋯⋯⋯ 101

3. 앞으로의 직업이 나아갈 방향은?

3-1 미래 직업의 방향 알기 ⋯⋯⋯⋯⋯ 102

4. 인공지능과 우리의 실생활

4-1 인공지능이 가져올 생활의 변화 알기 ⋯⋯⋯ 103

5. 도전! 미래 직업 골든벨!

5-1 미래 변화와 직업 알기 ⋯⋯⋯⋯ 105

6. 빅데이터를 활용한 미래 사회를 알아보자!

6-1 빅데이터로 이해하는 미래 사회 알기 ⋯⋯⋯ 108

7. 챗GPT와 친해져요.

7-1 챗GPT 이야기 ⋯⋯⋯⋯⋯ 110

8. 챗GPT와 나의 미래 진로 로드맵

8-1 챗GPT로 알아보는 미래 진로 로드맵 ⋯⋯⋯ 113

9. 챗GPT와 함께 하는 나의 학업 설계

9-1 챗GPT로 알아보는 나의 학업 설계 ⋯⋯⋯ 114

10. 챗GPT 이후 미래 직업

10-1 챗GPT 이후 미래 직업 알아보기 ⋯⋯⋯⋯ 115

1교시

슬기로운 중학 생활

1-1 우리 학급의 시간표 작성하기

20　　년　　월　　일

☐ 자율활동　☐ 동아리활동　☐ 진로활동　☐ 진로수업　☐ 교과수업　※ 해당활동에 체크

성취기준　[9진03-03] 다양한 체험활동을 통해 직업 정보를 탐색할 수 있다.
[9진04-03] 잠정적인 진로 목표와 관련된 다양한 교육, 진로 경로를 계획할 수 있다.

중학생활 끝판왕 쪽수 혹은 참고 자료명 및 쪽수 p14

1학년 1학기

학년　　　반

나의 목표

	MON	TUE	WED	THU	FRI
1교시					
2교시					
3교시					
4교시					
5교시					
6교시					
7교시					

1학년 2학기

학년　　　반

나의 목표

	MON	TUE	WED	THU	FRI
1교시					
2교시					
3교시					
4교시					
5교시					
6교시					
7교시					

2학년 1학기

학년　　　반

나의 목표

	MON	TUE	WED	THU	FRI
1교시					
2교시					
3교시					
4교시					
5교시					
6교시					
7교시					

2학년 2학기

학년   반

나의 목표

	MON	TUE	WED	THU	FRI
1교시					
2교시					
3교시					
4교시					
5교시					
6교시					
7교시					

3학년 1학기

학년   반

나의 목표

	MON	TUE	WED	THU	FRI
1교시					
2교시					
3교시					
4교시					
5교시					
6교시					
7교시					

3학년 2학기

학년   반

나의 목표

	MON	TUE	WED	THU	FRI
1교시					
2교시					
3교시					
4교시					
5교시					
6교시					
7교시					

우리는 매일 하루 '86400초' 시간 선물을 받습니다.
모두에게 공평하게 주어지는 시간 속에 86400초를 어떻게 보내느냐에 따라 우리의 미래는 달라질 수 있습니다.
1분 1초를 나의 성장을 위해 계획해보세요.

 설명 & 내용

학년별 학기별 나의 목표를 간단히 적고 시간표를 적을 수 있는 타임테이블이고 양식은 같으나 학년별 학기별로 색감과 느낌을 달리한다. 시간표를 적어보며 학생들에게 필요한 마인드 셋팅을 글귀로 적어준다.

1-2 우리 학교의 학사일정 정리하기 1

20   년   월   일

☐ 자율활동   ☐ 동아리활동   ☐ 진로활동   ☐ 진로수업   ☐ 교과수업   ※ 해당활동에 체크

성취기준 [9진03-03] 다양한 체험활동을 통해 직업 정보를 탐색할 수 있다.
[9진04-03] 잠정적인 진로 목표와 관련된 다양한 교육, 진로 경로를 계획할 수 있다.

중학생활 끝판왕 쪽수 혹은 참고 자료명 및 쪽수 p16

(   )년도 학사일정

1학기 주요 일정

| 월 | 주 | 주요일정 | | | | |
		월	화	수	목	금
3	1					
	2					
	3					
	4					
4	5					
	6					
	7					
	8					

월	주	주요일정				
		월	화	수	목	금
5	9					
	10					
	11					
	12					
	13					
6	14					
	15					
	16					
	17					
7	18					
	19					
	20					

*상기 일정은 학교사정에 따라 변경될 수 있음

설명 & 내용

학년별 학기별로 학사일정을 직접 작성해보며 학교 주요일정을 살펴봄으로써 중학생활의 큰 그림을 그릴 수 있도록 한다.

1-3 우리 학교의 학사일정 정리하기 2

20   년   월   일

☐ 자율활동   ☐ 동아리활동   ☐ 진로활동   ☐ 진로수업   ☐ 교과수업   ※ 해당활동에 체크

성취기준 [9진03-03] 다양한 체험활동을 통해 직업 정보를 탐색할 수 있다.
[9진04-03] 잠정적인 진로 목표와 관련된 다양한 교육, 진로 경로를 계획할 수 있다.

중학생활 끝판왕 쪽수 혹은 참고 자료명 및 쪽수 p16

(   )년도 학사일정

2학기 주요 일정

월	주	주요일정				
		월	화	수	목	금
8	1					
	2					
	3					
9	4					
	5					
	6					
	7					
10	8					
	9					

월	주	주요일정				
		월	화	수	목	금
10	10					
	11					
11	12					
	13					
	14					
	15					
12	16					
	17					
	18					
	19					
1	20					
	21	1. 중학 생활 미리보기	2. 학교알리미 활용하기	3. 자유학기제 미리 보기		4. 자동봉진 준비하기

*상기 일정은 학교사정에 따라 변경될 수 있음

2-1 우리 중학교를 소개합니다 1

20   년   월   일

☐ 자율활동   ☐ 동아리활동   ☐ 진로활동   ☐ 진로수업   ☐ 교과수업   ※ 해당활동에 체크

성취기준　[9진03-03] 다양한 체험활동을 통해 직업 정보를 탐색할 수 있다.
[9진04-03] 잠정적인 진로 목표와 관련된 다양한 교육, 진로 경로를 계획할 수 있다.

중학생활 끝판왕 쪽수 혹은 참고 자료명 및 쪽수 p22-23

학교 알리미 https://www.schoolinfo.go.kr/Main.do
알고 싶은 학교의 명칭을 적고 학교 생활의 전반에 대해 알아봅니다.

학교명:

교육 활동	교육특색	주요정책	☐ 교과교실제 ☐ 자율학교 ☐ 수준별수업		
		특색사업			
	교육과정	교육과정	교육과정의 전반을 두루 살펴보고, 나에게 필요한 내용을 요약해 적어봅니다.		
	자유학기	해당학기			
		활동별 시수	주제선택		
			예술·체육		
			동아리		
			진로탐색		
	동아리	창제동아리			
		자율동아리			
	방과후 학교	교과			
		특기적성			

 **설명 & 내용**

QR코드를 통하여 학교 알리미에 손쉽게 접속해서 교육활동의 전반을 기록해본다.

2-2 우리 중학교를 소개합니다 2

20   년   월   일

☐ 자율활동   ☐ 동아리활동   ☐ 진로활동   ☐ 진로수업   ☐ 교과수업   ※ 해당활동에 체크

성취기준 [9진03-03] 다양한 체험활동을 통해 직업 정보를 탐색할 수 있다.
[9진04-03] 잠정적인 진로 목표와 관련된 다양한 교육, 진로 경로를 계획할 수 있다.

중학생활 끝판왕 쪽수 혹은 참고 자료명 및 쪽수 p23

교과	학년/학기		지필평가				적용 비율 (%)	수행평가				적용 비율 (%)
			1회고사 배점		2회고사 배점			영역 및 배점				
			선다형	서술형	선다형	서술형 (논술형)		영역1	영역2	영역3	서술형	
국어	1학년	1학기										
		2학기										
	2학년	1학기										
		2학기										
	3학년	1학기										
		2학기										
사회	1학년											
	3학년	1학기										
		2학기										
역사	2학년	1학기										
		2학기										
	3학년	1학기										
		2학기										
도덕	2학년	1학기										
		2학기										
	3학년	1학기										
		2학기										

교과	학년/학기		지필평가				적용 비율 (%)	수행평가				적용 비율 (%)
			1회고사 배점		2회고사 배점			영역 및 배점				
			선다형	서술형	선다형	서술형 (논술형)		영역1	영역2	영역3	서술형	
수학	1학년	1학기										
		2학기										
	2학년	1학기										
		2학기										
	3학년	1학기										
		2학기										
영어	1학년	1학기										
		2학기										
	2학년	1학기										
		2학기										
	3학년	1학기										
		2학기										
과학	1학년	1학기										
		2학기										
	2학년	1학기										
		2학기										
	3학년	1학기										
		2학기										
기술 가정	1학년	1학기										
		2학기										
	2학년	1학기										
		2학기										
	3학년	1학기										
		2학기										

 설명 & 내용

학년별 학기별 교과목에 따른 지필평가, 수행평가 계획을 미리 알아본다.

3-1 우리 학교의 자유학기제 조사하기 1

20   년   월   일

☐ 자율활동   ☐ 동아리활동   ☐ 진로활동   ☐ 진로수업   ☐ 교과수업   ※ 해당활동에 체크

성취기준
[9진03-03] 다양한 체험활동을 통해 직업 정보를 탐색할 수 있다.
[9진04-03] 잠정적인 진로 목표와 관련된 다양한 교육, 진로 경로를 계획할 수 있다.

중학생활 끝판왕 쪽수 혹은 참고 자료명 및 쪽수 p26-27

자유학기 활동	시수	프로그램명	내가 배울 수 있는 내용
진로탐색			
주제선택			

자유학기 활동	시수	프로그램명	내가 배울 수 있는 내용
예술·체육			
동아리			

설명 & 내용

자유학기제에 실시하는 프로그램과 내가 배울 수 있는 내용을 생각해본다.

3-2 우리 학교의 자유학기제 조사하기 2

20   년   월   일

☐ 자율활동   ☐ 동아리활동   ☐ 진로활동   ☐ 진로수업   ☐ 교과수업   ※ 해당활동에 체크

성취기준   [9진03-03] 다양한 체험활동을 통해 직업 정보를 탐색할 수 있다.
[9진04-03] 잠정적인 진로 목표와 관련된 다양한 교육, 진로 경로를 계획할 수 있다.

중학생활 끝판왕 쪽수 혹은 참고 자료명 및 쪽수   p27

학기별 자유학기 시간표

(   ) 학기

	월	화	수	목	금
1교시	★ 교과활동(시간) 국어(시간), 수학(시간), 영어(시간)				
2교시					
3교시					
4교시					
5교시					
6교시					

(   ) 학기

	월	화	수	목	금
1교시	★ 교과활동(시간) 국어(시간), 수학(시간), 영어(시간)				
2교시					
3교시					
4교시					
5교시					
6교시					

설명 & 내용

1. 교과활동과 시수를 구체적으로 적어본다.
2. 주제선택, 진로탐색, 동아리, 예술 체육활동을 블록으로 색칠하고 표기해 시간표를 완성해본다.

3-3 자유학기에서 찾은 나의 꿈

20   년   월   일

☐ 자율활동   ☐ 동아리활동   ☐ 진로활동   ☐ 진로수업   ☐ 교과수업   ※ 해당활동에 체크

> **성취기준**   [9진01-01] 자신의 능력이나 특성, 강·약점 등을 존중할 수 있다.
> [9진01-02] 다양한 방법으로 자신의 직업 흥미와 적성을 탐색할 수 있다.
>
> 중학생활 끝판왕 쪽수 혹은 참고 자료명 및 쪽수 p30

자유학기 활동을 통한 진로역량계발
서울대입학본부 평가안내자료 학업·학업 외 역량

학업 역량	나를 성장시킬 수 있는 학업 역량
★ 교과이수 성실도 및 학업 준비도 ★ 지식 습득 과정 및 활용 경험 ★ 논리적·분석적 사고력 ★ 탐구능력 ★ 지식 적용 능력 ★ 문제해결력 ★ 글쓰기 능력 및 의사소통능력 ★ 지적 호기심 자극 경험 ★ 능동적 학습태도 및 탐구 자세 ★ 도전정신과 회복탄력성 ★ 과제집착력 ★ 추진력 ★ 다양한 학습방법 활용	

학업 외 역량	나를 성장시킬 수 있는 학업 외 역량
★ 공동체 의식 및 배려심 ★ 협업능력 및 리더십 ★ 책임감 ★ 긍정적 자세 및 포용력 ★ 모범이 될 만한 성숙한 태도 ★ 다양한 경험에 대한 적극성	

설명 & 내용

서울대입학본부에서 제시하는 평가안내 자료를 참조하여 자유학기 활동별 내가 성장시킬 수 있는 역량(학업, 학업 외 역량) 적어본다.

4-1 자동봉진이란? 1

20   년   월   일

☐ 자율활동   ☐ 동아리활동   ☐ 진로활동   ☐ 진로수업   ☐ 교과수업   ※ 해당활동에 체크

성취기준 [9진01-01] 자신의 능력이나 특성, 강·약점 등을 존중할 수 있다.
[9진01-02] 다양한 방법으로 자신의 직업 흥미와 적성을 탐색할 수 있다.

중학생활 끝판왕 쪽수 혹은 참고 자료명 및 쪽수 p36

셀프브랜딩 방법

1	
2	
3	
4	
5	
6	

설명 & 내용

셀프 브랜딩을 위한 6가지 핵심 원칙을 적어본다.

나의 학교생활기록부

항목	기록된 내용	평가	보완할 내용
출결 사항		☐ 우수 ☐ 보통 ☐ 미흡	

항목	기록된 내용	평가	보완할 내용
교과 학습 발달 사항		□ 우수 □ 보통 □ 미흡	
창의적 체험활동		□ 우수 □ 보통 □ 미흡	
수상 경력		□ 우수 □ 보통 □ 미흡	
행동특성 및 종합의견		□ 우수 □ 보통 □ 미흡	
독서활동 상황		□ 우수 □ 보통 □ 미흡	

설명 & 내용

1. 나의 생활기록부 분석을 통해 셀프 브랜딩의 정도를 평가해본다.

2. 보완하고 채워야할 내용들을 기록해본다.

4-2 자동봉진이란? 2

20   년   월   일

☐ 자율활동   ☐ 동아리활동   ☐ 진로활동   ☐ 진로수업   ☐ 교과수업   ※ 해당활동에 체크

성취기준
[9진01-01] 자신의 능력이나 특성, 강·약점 등을 존중할 수 있다.
[9진01-02] 다양한 방법으로 자신의 직업 흥미와 적성을 탐색할 수 있다.

중학생활 끝판왕 쪽수 혹은 참고 자료명 및 쪽수   p37

창의적 체험활동 한눈에 보기

자율활동		봉사활동	
적응활동	학교 적응, 기초 생활 습관 형성, 상담 활동 등	교내 봉사 활동	학습 부진 친구, 다문화 가정 학생 돕기 등
자치활동	학급회, 학생회, 모의 의회, 토론회 등	지역사회 봉사 활동 등	병원, 보육원, 양로원, 군부대 위문 등
행사 활동	각종 행사 체육대회, 현장학습, 수련 활동 등	자연환경 종보 활동	식목 활동, 저탄소 생활 습관화 등
창의적특색 활동	학생, 학급, 학년, 학교 특색, 전통 수립	캠페인 활동	질서, 교통안전, 헌혈, 편견 극복 등
진로활동		동아리 활동	
자기 이해 활동	심성 계발, 정체성 탐구, 각종 진로 검사 등	학술 활동	과학 탐구, 다문화 탐구, 신문 활동, 외국어 등
진로 정보 탐색 활동	학업, 학교 직업 정보 탐색, 직장 방문 등	문화 예술 활동	문예, 회화, 성악, 뮤지컬, 연극, 방송 등
진로 계획 활동	진로 설계, 진로 지도 및 상담 활동 등	스포츠 활동	구기운동, 수영, 육상, 무술 등
진로 체험 활동	학업 및 직업 세계 이해, 직업 체험 활동 등	청소년 단체 활동	스카우트, 걸스카우트, 우주소년단 등

나의 창의적 체험활동

자율활동		봉사활동	
적응활동		교내 봉사	
자치활동		지역사회 봉사	
행사활동		환경보호	
특색활동		캠페인	
진로활동		동아리 활동	
자기이해		학술활동	
진로정보 탐색		문화예술	
진로계획		스포츠	
진로체험		청소년 단체	

  **설명 & 내용**

창의적 체험활동 활동별 영역과 내용을 적어보면서 자동봉진을 이해해본다.

4-3 우리 학교 자동봉진 분류하여 기록하기 1

20　년　월　일

☐ 자율활동　☐ 동아리활동　☐ 진로활동　☐ 진로수업　☐ 교과수업　※ 해당활동에 체크

성취기준 [9진01-01] 자신의 능력이나 특성, 강·약점 등을 존중할 수 있다.
[9진01-02] 다양한 방법으로 자신의 직업 흥미와 적성을 탐색할 수 있다.

중학생활 끝판왕 쪽수 혹은 참고 자료명 및 쪽수 p38

우리학교 자율활동

적응활동		자치활동	
학교활동, 기초생활 습관형성, 상담활동, 양성평등교육, 학교폭력예방교육, 안전교육, 장애인식개선교육		학급회, 학생회, 모의의회, 토론회, 학급자치회 회장·부회장, 전교학생자치회 회장·부회장	
행사활동		**창의적 특색 활동**	
전시회, 발표회, 축제, 학생건강체력평가, 수련활동, 현장체험학습, 체육대회, 자치법정		학생, 학급, 학년, 학교특색, 학급규칙	

내가 적어보는 생활기록부 자율활동 계획표

학년	자율활동 기록내용
1	
2	
3	

설명 & 내용

1. 우리학교 자율활동 영역별로 어떤 활동들이 계획되어 있는지 적어본다.
2. 학년별로 내가 해보고 싶은 자율활동 내용을 담아 미래의 생활기록부를 작성해본다.

4-4 우리 학교 자동봉진 분류하여 기록하기 2

20   년   월   일

☐ 자율활동   ☐ 동아리활동   ☐ 진로활동   ☐ 진로수업   ☐ 교과수업   ※ 해당활동에 체크

성취기준 [9진03-03] 다양한 체험활동을 통해 직업 정보를 탐색할 수 있다.
[9진04-03] 잠정적인 진로 목표와 관련된 다양한 교육, 진로 경로를 계획할 수 있다.

중학생활 끝판왕 쪽수 혹은 참고 자료명 및 쪽수 p46

나의 자동봉진 포트폴리오

일시		학년/학기	
활동명		활동 동기	
활동내용		나의 역할	
알게 된 점			
문제점			
해결 방안			
생각하고 느낀 점			
Plus(강점)			
Minus(부족한 점)			
Interest(흥미로운 점)			
첨부파일			

설명 & 내용

중학교 생활동안 내가 활동했던 자동봉진을 기록표에 채워보고 자동봉진 활동 내용과 느끼고 배운 점, 문제점과 해결방안 등을 꾸준히 기록해 포트폴리오 형식으로 관리해본다.

4-5 우리 학교 자동봉진 분류하여 기록하기 3

20   년   월   일

☐ 자율활동   ☐ 동아리활동   ☐ 진로활동   ☐ 진로수업   ☐ 교과수업   ※ 해당활동에 체크

성취기준   [9진03-03] 다양한 체험활동을 통해 직업 정보를 탐색할 수 있다.
[9진04-03] 잠정적인 진로 목표와 관련된 다양한 교육, 진로 경로를 계획할 수 있다.

중학생활 끝판왕 쪽수 혹은 참고 자료명 및 쪽수 p46

내가 디자인하는 동아리·봉사 활동

창체활동	학년	하고 싶은 활동	배우고 싶은 점
동아리	1		
	2		
	3		
봉사	1		
	2		
	3		

 **설명 & 내용**

자동봉진 중 내가 스스로 계획할 수 있는 동아리와 봉사 활동 계획을 구체적으로 세워보고 배우고 싶은 점을 적어본다.

4-6 우리 학교 자동봉진 분류하여 기록하기 4

20   년   월   일

☐ 자율활동　　☐ 동아리활동　　☐ 진로활동　　☐ 진로수업　　☐ 교과수업　　※ 해당활동에 체크

성취기준　[9진03-03] 다양한 체험활동을 통해 직업 정보를 탐색할 수 있다.
　　　　　　[9진04-03] 잠정적인 진로 목표와 관련된 다양한 교육, 진로 경로를 계획할 수 있다.

중학생활 끝판왕 쪽수 혹은 참고 자료명 및 쪽수 p44

내가 우리학교 수상왕

대회명	과목	수상 기준	나만의 수상전략

설명 & 내용

우리 학교 과목별 대회를 알아보고, 수상 기준 및 나만의 수상 전략을 적어본다.

4-7 우리 학교 자동봉진 분류하여 기록하기 5

20   년   월   일

☐ 자율활동   ☐ 동아리활동   ☐ 진로활동   ☐ 진로수업   ☐ 교과수업   ※ 해당활동에 체크

> **성취기준** [9진03-03] 다양한 체험활동을 통해 직업 정보를 탐색할 수 있다.
> [9진04-03] 잠정적인 진로 목표와 관련된 다양한 교육, 진로 경로를 계획할 수 있다.
>
> 중학생활 끝판왕 쪽수 혹은 참고 자료명 및 쪽수 p47

나만의 중학생활 성장일지

창체활동	☐ 자율 ☐ 동아리 ☐ 봉사 ☐ 진로 ☐ 대회
참여 동기	
활동 과정	
어려웠던 점	
극복 방법	
느끼고 배운 점	

 **설명 & 내용**

참여했던 자동봉진, 대회활동 동기와 활동과정, 역경과 극복방법, 느끼고 배운점을 꾸준히 기록해 나의 성장을 기록화한다.

4-8 우리 학교 자동봉진 분류하여 기록하기 6

20   년   월   일

☐ 자율활동 ☐ 동아리활동 ☐ 진로활동 ☐ 진로수업 ☐ 교과수업 ※ 해당활동에 체크

성취기준 [9진03-03] 다양한 체험활동을 통해 직업 정보를 탐색할 수 있다.
[9진04-03] 잠정적인 진로 목표와 관련된 다양한 교육, 진로 경로를 계획할 수 있다.

중학생활 끝판왕 쪽수 혹은 참고 자료명 및 쪽수 p47

만다라트 학교 생활 설계하기

	검사 결과			성격 장점·단점			관심있는 직업+계열	
			검사 결과	성격 장점·단점	관심있는 직업+계열			
	읽은 책		읽은 책	이름	읽어야 할 책		읽어야 할 책	
			자율봉사	동아리 진로	교과			
	자율봉사			동아리 진로			교과	

설명 & 내용

만다라트를 통해 나의 중학교 생활을 설계해본다.

2교시

진로네비게이션

1-1 자기 이해하기 1

20   년   월   일

☐ 자율활동   ☐ 동아리활동   ☐ 진로활동   ☐ 진로수업   ☐ 교과수업   ※ 해당활동에 체크

성취기준 [9진01-01] 자신의 능력이나 특성, 강/약점 등을 존중할 수 있다.
중학생활 끝판왕 쪽수 혹은 참고 자료명 및 쪽수 p60

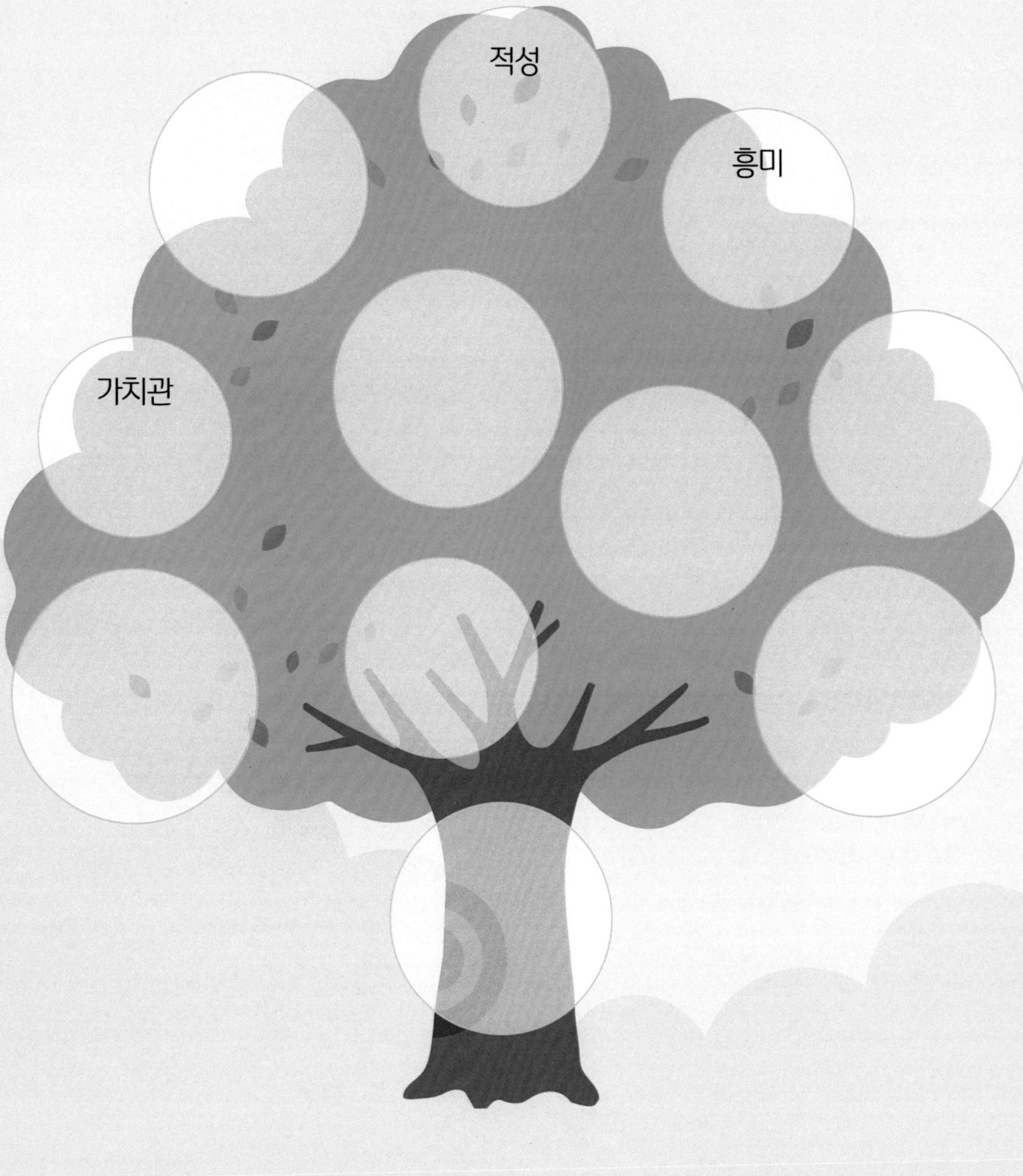

적성

흥미

가치관

1-2 자기 이해하기 2

20   년   월   일

☐ 자율활동 ☐ 동아리활동 ☐ 진로활동 ☐ 진로수업 ☐ 교과수업 ※ 해당활동에 체크

성취기준 [9진01-01] 자신의 능력이나 특성, 강/약점 등을 존중할 수 있다.

중학생활 끝판왕 쪽수 혹은 참고 자료명 및 쪽수 p64-p65

다중지능 검사(테스트 하로) : 총 문항 수 56개로 검사시간은 약 10분 이내(예시)
https://testharo.com/multiple-intelligences/ko

1 다중지능 검사를 해 보고 나의 강점 3가지를 적어봅시다.

순위	지능	특징	장점	직업군
1순위				
2순위				
3순위				
4순위				

2 나의 학교 생활 중 나의 1순위 강점 지능과 관련되었던 경험을 적어봅시다.

예) 중학교 1학년 국어 시간에 자신의 경험을 글로 써서 발표해보는 시간에 식물을 키워 본 자신의 경험을 글로 작성하여 발표하였고, 친구들이 나의 글을 통해 식물에 관심을 가지게 되었다.

2-1 진로정보망 커리어넷

20 년 월 일

☐ 자율활동 ☐ 동아리활동 ☐ 진로활동 ☐ 진로수업 ☐ 교과수업 ※ 해당활동에 체크

(성취기준) [9진01-02] 다양한 방법으로 자신의 직업 흥미와 적성을 탐색할 수 있다.
중학생활 끝판왕 p60 | 활기찬 고등학교 생활(내지) p17, 18, 19

커리어넷의 중·고등학생용 심리검사(아로플러스)
https://www.career.go.kr/cnet/front/examen/aroplusMain.do

커리어넷의 아로플러스를 통해 심리검사를 실시하고, 심리검사 결과를 선생님께 메일로 보내도록 합니다.

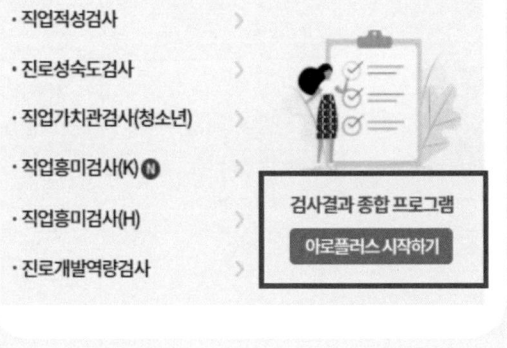

관심있는 직업이 없을 경우

1 높은 적성으로 살펴본 나에 대한 종합평가 3가지 영역을 적어봅시다.

( )능력	( )능력	( )능력

2 나의 직업적성영역별 결과를 백분위 그래프로 표시해봅시다.

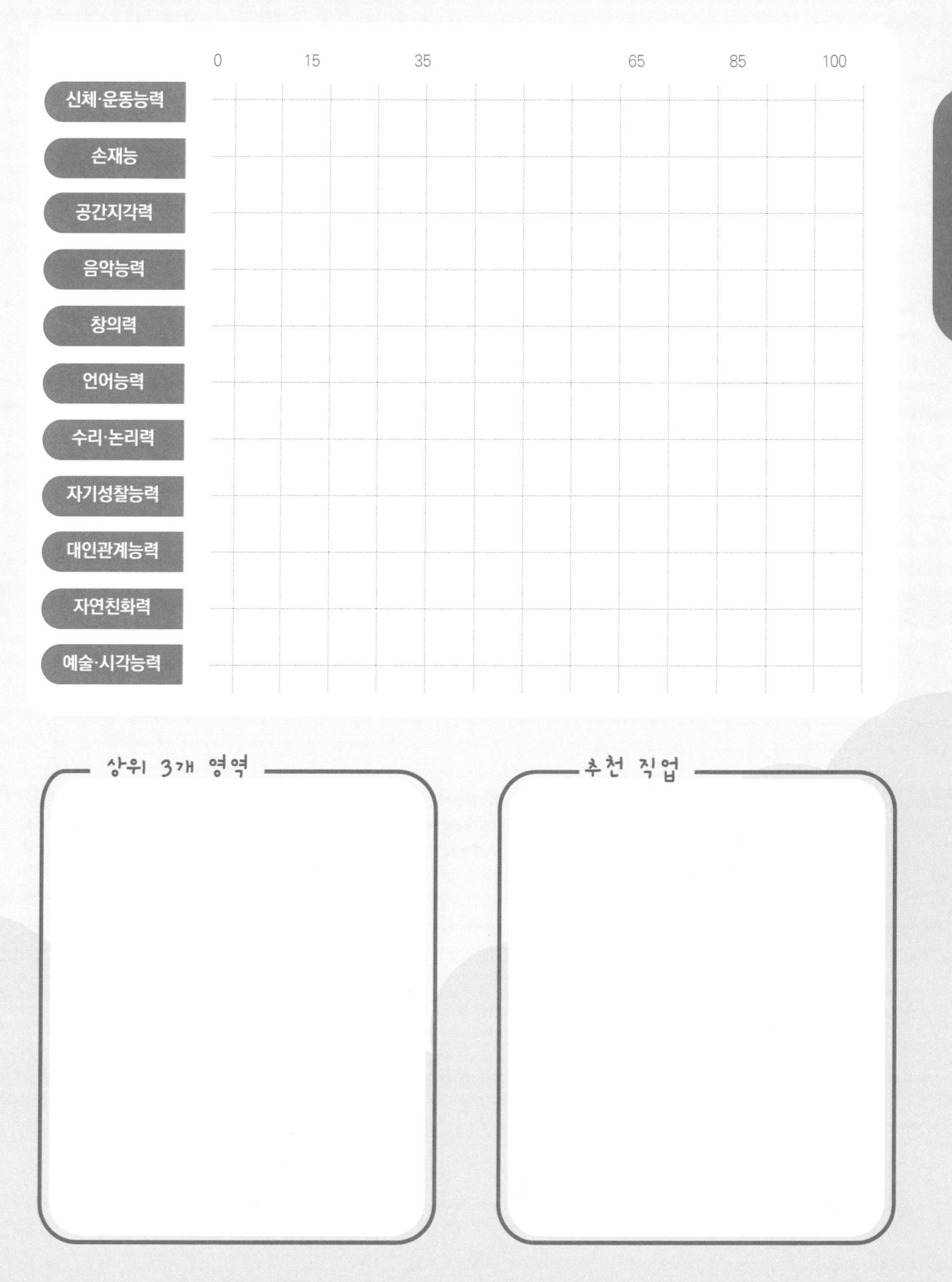

2교시 **진로네비게이션**

활기찬 중학교 생활 워크북 (사)가르치는 사람들 Corp All Rights Reserved T. 1551-5874

커리어넷을 활용한 진로심리 검사 1

20   년   월   일

☐ 자율활동   ☐ 동아리활동   ☐ 진로활동   ☐ 진로수업   ☐ 교과수업   ※ 해당활동에 체크

성취기준 [9진01-02] 다양한 방법으로 자신의 직업 흥미와 적성을 탐색할 수 있다.

진로끝시작편 p54-p55

3 나의 검사결과를 바탕으로 한 추천 직업군을 적어봅시다.

순위	직업군
2순위	
3순위	
4순위	

4 검사결과, 높게 나온 강점 영역 3가지의 강화방법을 적어봅시다.

영역	강화 방법
( ) 능력	
( ) 능력	
( ) 능력	

직업흥미검사(K)

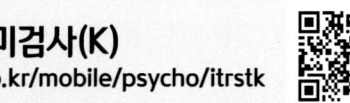

https://www.career.go.kr/mobile/psycho/itrstk

1 높은 적성으로 살펴본 나에 대한 종합평가 3가지 영역을 적어봅시다.

2 높은 흥미를 나타내는 상위 3개 직업흥미군(예시)

교육 사람들에게 필요한 지식이나 기술을 가르치고 바람직한 인성을 길러주기 위해 교육, 교육상담, 교육환경 조성 등의 일을 한다.
관련직업-교육학연구원, 교장, 사회학연구원, 유치원교사, 인문계중등학교교사, 인문사회계열교수, 장학사, 초등학교 교사, 특수교사, 학원강사

복지 사회 구성원들의 행복과 삶의 질을 개선하고, 신체적, 정신적으로 어려움에 처한 사람들을 돕기 위한 사회적, 제도적 일을 한다.
관련직업-다문화코디네이터, 사회단체활동가, 사회복지사, 상담전문가, 성직자, 아동청소년시설보호사, 직업치료사, 장애인잡코치, 재능기부코디네이터, 직업상담 및 취업알선원

마케팅 소비자에게 상품이나 서비스를 효율적으로 제공하기 위한 홍보 활동을 하며, 고객을 유치하고 유지·관리하는 일을 한다.
관련직업-SNS마케터, 광고 및 홍보전문가, 마케팅전문가, 바이어(구매인), 부동산 중개인, 상품중개인, 쇼핑호스트, 영업원, 텔레마케터, 홍보도우미

3 전체 직업흥미군 점수를 백분위 표로 그려보세요.

직업가치관검사

https://www.career.go.kr/inspct/web/psycho/value2

1 직업가치관 검사결과 상위 직업가치관 3가지와 내가 중요하게 생각하는 직업가치관 3가지를 적어봅시다.

검사결과 상위 직업가치관		내가 중요하게 생각하는 직업가치관	

2 검사결과 자신의 가치지향 유형을 적어봅시다.

유형	주요가치	내용

3 검사결과 나온 자신의 가치관과 관련된 직업명을 적어봅시다.

과목별 성취 및 흥미

3 검사결과 자신이 잘한다고 응답한 과목과 관련된 직업군을 적어봅시다.

직업군	직업명

관심 직업이 있는 경우

1 자신의 관심 직업을 직업군으로 검색하거나 직업명으로 검색하여 찾아봅시다.

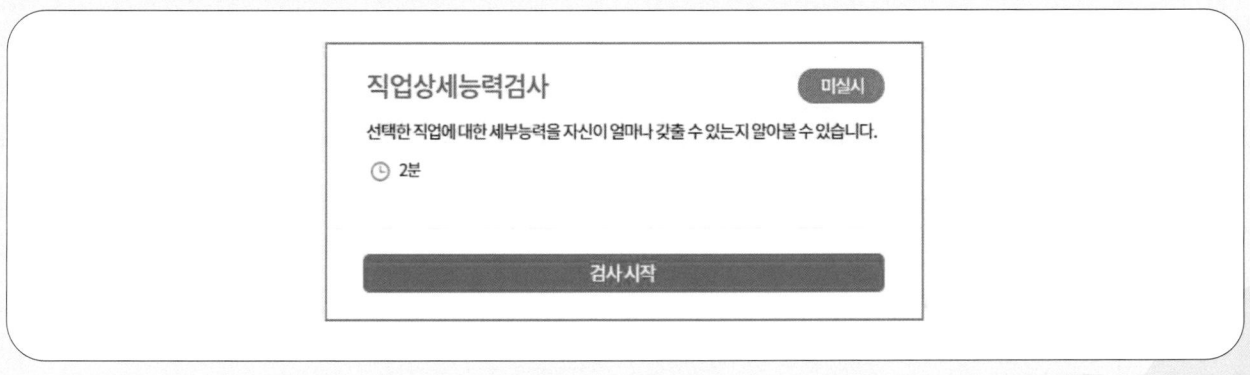

2 자신이 선택한 직업과 관련하여 아로플러스의 직업상세능력 검사를 수행해봅시다.

직업상세능력검사   미실시

선택한 직업에 대한 세부능력을 자신이 얼마나 갖출 수 있는지 알아볼 수 있습니다.

🕐 2분

검사 시작

3 자신이 관심있는 직업에 필요한 상세능력과 자신감 정도를 표현해 봅시다.

이 작업에 필요한 상세능력	자신감 정도

3-1 계열성향검사 결과 기록

20 년 월 일

☐ 자율활동　☐ 동아리활동　☐ 진로활동　☐ 진로수업　☐ 교과수업　※ 해당활동에 체크

성취기준　[9진02-02] 다양한 방법으로 자신의 직업 흥미와 적성을 탐색할 수 있다.

중학생활 끝판왕 p77-p78, p84-p93

나의 계열을 찾아라!

1 검사 결과로 나온 계열을 적어보세요.

2 계열의 특징은 무엇일까요? 해설지를 읽고 이해한 대로 간단히 적어보세요.

3 해설지에 나온 계열의 여러 학과 중 관심이 생긴 학과와 직업을 3가지씩 골라보세요.

학과

직업

4 위에 적은 관심 학과와 직업을 나의 미래와 연결해서 비주얼씽킹으로 나타내어 보세요.

나만의 연구 주제를 찾아라!

1 나의 계열 워드 클라우드에서 동그라미 친 것을 적어보세요.

2 위에 쓴 관심 키워드에서 그 내용을 3분 동안 설명할 수 있는 것은 무엇인가요?
키워드를 넣고 아래에 설명도 적어보세요.

관심 키워드:

관심 키워드:

3 앞으로 전공하고 싶거나 탐구해 보고 싶은 주제를 골라서 그 이유를 써 보세요.

주제:

고른 이유

3-2 진로명함 만들기

20   년   월   일

☐ 자율활동 ☐ 동아리활동 ☐ 진로활동 ☐ 진로수업 ☐ 교과수업 ※ 해당활동에 체크

성취기준 [9진03-04] 관심 직업분야의 다양한 진로 경로를 탐색할 수 있다.

진로 로드맵

1 내가 되고 싶은 사람을 정의해 볼까요?

> 예시) 정의로운 사람

2 나는 나의 진로와 관련하여 어떤 활동을 좋아하나요?

> 예시) 운동, 독서 등

3 나는 나의 진로와 관련하여 어떤 활동을 잘하나요?

> 예시) 운동

4 나의 현재(혹은 어린시절) 진로와 관련된 꿈은 무엇일까요?

> 예시) 운동 선수

5 나의 진로와 관련된 직업의 이름으로 이행시를 적어봅시다.

6 나의 진로와 관련하여 소중하게 생각하는 가치관을 3가지 적어봅시다

7 나의 미래 진로 명함 만들기(1~6번을 반영한 나의 미래 진로 명함을 디자인 해봅시다.)

설명 & 내용

커리어넷과 워크넷의 검사를 실시한 후, 그 결과를 반영하여 진로 명함(로드맵)을 작성해본다.

4-1 랜선 진로체험활동 하기

20   년   월   일

☐ 자율활동   ☐ 동아리활동   ☐ 진로활동   ☐ 진로수업   ☐ 교과수업   ※ 해당활동에 체크

성취기준 [9진02-02] 다양한 방법으로 자신의 직업 흥미와 적성을 탐색할 수 있다.

중학생활 끝판왕 p77-p78, p84-p93

1 왜 진로체험활동이 중요할까요?

2 진로체험 정보를 탐색할 수 있는 사이트명을 적어봅시다.

진로체험 사이트명	URL	비고
	http://www.ggomgil.go.kr	교육부
	http://www.teachforkorea.go.kr	한국과학창의재단
	http://www.crezone.net	한국과학창의재단
	http://www.haja.net	서울시립청소년직업체험센터
	http://www.ssro.net	서울시립청소년미디어센터
	http://www.koreajobworld.or.kr	고용노동부
	(자치구)진로직업체험센터	(**구)진로직업체험센터
	http://www.gseek.kr	경기도

3 진로정보망 커리어넷의 진로동영상(체험활동을 통한 직업의 이해)을 시청하세요.

주소 : https://www.career.go.kr/cnet/front/web/movie/catMapp/catMappView.do?ARCL_SER=1024118

4 랜선 진로체험 프로그램

5 3가지 진로체험학습 중 한 가지를 선택하여 체험하고, 진로체험 프로그램 참여 소감문을 작성합시다.

2교시 진로네비게이션

랜선 진로체험 프로그램 참여 소감문

( )학년 ( )반 ( )번 이름( )

체험일	( )년 ( )월 ( )일	
프로그램명		
체험 장소		
활동 내용	내가 했던 일	
	새롭게 알게 된 것	
	집이나 학교에서 생활을 할 때 적용해 보고 싶은 것	
나의 소감	좋았거나 즐거웠던 점, 달라진 점	
	나의 진로에 도움이 된 점	
	힘들었거나 아쉬웠던 점	

나의 활동을 만족도만큼 색칠하세요. ♡ ♡ ♡ ♡ ♡

3교시

학습 코칭

1-1 나의 학습습관 점검하기

20   년   월   일

☐ 자율활동   ☐ 동아리활동   ☐ 진로활동   ☐ 진로수업   ☐ 교과수업   ※ 해당활동에 체크

성취기준 [9진03-01] 진로에서 학습의 중요성을 이해하고 설명할 수 있다.
[9진04-03] 잠정적인 진로 목표와 관련된 다양한 교육, 진로 경로를 계획할 수 있다.

중학생활 끝판왕 p118-p121, *활기찬 고등* p26

나의 학습 습관 점검하기

1 문항을 읽고 나의 학습 방법과 비슷하거나 같으면 '예', 그렇지 않으면 '아니오'에 ∨표를 해 보자.

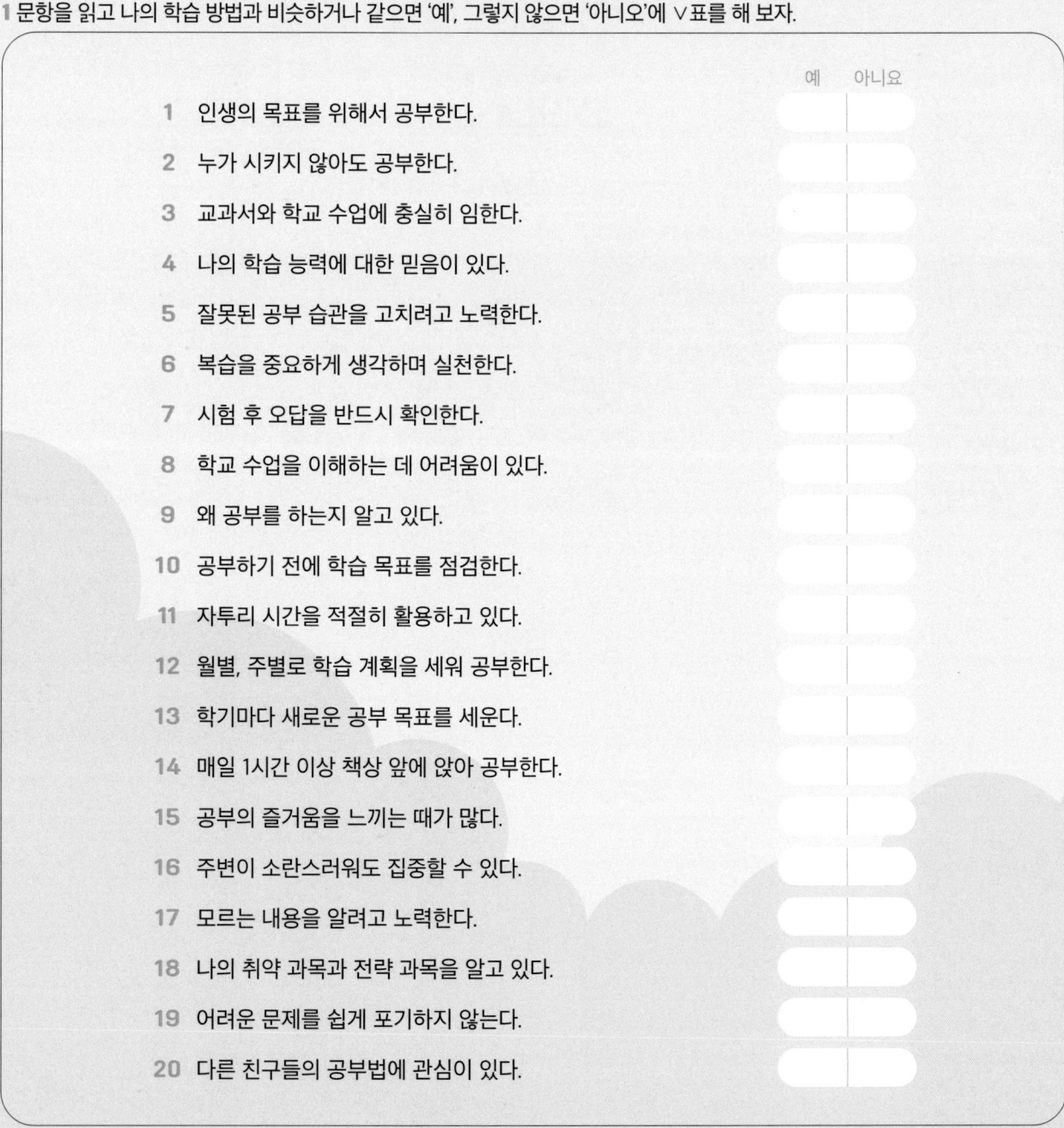

		예	아니요
1	인생의 목표를 위해서 공부한다.		
2	누가 시키지 않아도 공부한다.		
3	교과서와 학교 수업에 충실히 임한다.		
4	나의 학습 능력에 대한 믿음이 있다.		
5	잘못된 공부 습관을 고치려고 노력한다.		
6	복습을 중요하게 생각하며 실천한다.		
7	시험 후 오답을 반드시 확인한다.		
8	학교 수업을 이해하는 데 어려움이 있다.		
9	왜 공부를 하는지 알고 있다.		
10	공부하기 전에 학습 목표를 점검한다.		
11	자투리 시간을 적절히 활용하고 있다.		
12	월별, 주별로 학습 계획을 세워 공부한다.		
13	학기마다 새로운 공부 목표를 세운다.		
14	매일 1시간 이상 책상 앞에 앉아 공부한다.		
15	공부의 즐거움을 느끼는 때가 많다.		
16	주변이 소란스러워도 집중할 수 있다.		
17	모르는 내용을 알려고 노력한다.		
18	나의 취약 과목과 전략 과목을 알고 있다.		
19	어려운 문제를 쉽게 포기하지 않는다.		
20	다른 친구들의 공부법에 관심이 있다.		

21	과목별로 나만의 공부 방법이 있다.	
22	구입한 교재는 끝까지 보는 편이다.	
23	슬럼프를 극복할 수 있는 의지가 있다.	
24	학교 시험은 미리 계획을 세워 준비한다.	
25	주기적으로 반복 학습을 하는 편이다.	
26	계획을 세우면 실천하는 편이다.	
27	도움을 청하는 데 거리낌이 없다.	
28	싫어하는 과목도 공부한다.	
29	시험 후에도 꾸준히 공부하는 편이다.	

합계

공부하는 이유를 모르겠어요, 나의 문제점은?

	항목	체크
1	자신이 원하는 과목을 배우고 있지 않다.	
2	기초 실력이 부족하다.	
3	다른 사람의 도움 받기를 꺼려한다.	
4	친구 관계가 좋지 않다.	
5	개인 사정(집안, 건강 문제 등)이 있다.	
6	성공에 대한 불안감이 높다.	
7	학습 내용이 너무 어렵다.	
8	'할 수 있다'는 자신감이 없다.	
9	공부하는 것이 나와는 관계가 없다고 생각한다.	
10	어떤 보상도 나를 만족시켜주지 못한다.	

1-2 학습 전략 디자인하기

20   년   월   일

☐ 자율활동   ☐ 동아리활동   ☐ 진로활동   ☐ 진로수업   ☐ 교과수업   ※ 해당활동에 체크

성취기준 [9진03-01] 진로에서 학습의 중요성을 이해하고 설명할 수 있다.
[9진04-03] 잠정적인 진로 목표와 관련된 다양한 교육, 진로 경로를 계획할 수 있다.

중학생활 끝판왕 p122-3

공부를 통한 멋진 삶 디자인하기

추구하는 삶의 목표	
학습 동기 유형	
공부 방향 설정	
공부하는 이유	
학습 목표 설정	
나만의 학습 전략	

설명 & 내용

공부하는 동기를 나의 삶과 연관지어 구체적인 학습 방향과 목표, 학습 전략을 세워본다.

1-3 나의 공부 성향 1

20   년   월   일

☐ 자율활동   ☐ 동아리활동   ☐ 진로활동   ☐ 진로수업   ☐ 교과수업   ※ 해당활동에 체크

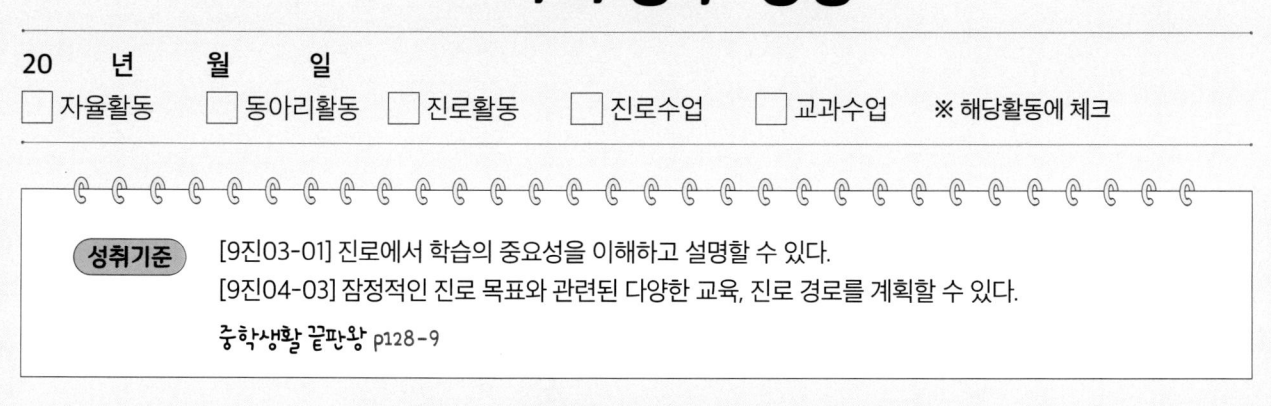

성취기준 [9진03-01] 진로에서 학습의 중요성을 이해하고 설명할 수 있다.
[9진04-03] 잠정적인 진로 목표와 관련된 다양한 교육, 진로 경로를 계획할 수 있다.

중학생활 끝판왕 p128-9

나의 공부 성향을 찾고 공부계획 세우기

나의 공부성향 검사 1 나의 공부 성향	
나의 공부성향 검사 1로 살펴본 나의 공부 성향 특징은?	
나의 공부성향 검사 2 나의 공부 성향	
나의 공부성향 검사 2로 살펴본 나의 공부 성향 특징은?	

3교시 **학습 코칭**

1-4 나의 공부 성향 2

20   년   월   일

☐ 자율활동   ☐ 동아리활동   ☐ 진로활동   ☐ 진로수업   ☐ 교과수업   ※ 해당활동에 체크

성취기준 [9진03-01] 진로에서 학습의 중요성을 이해하고 설명할 수 있다.
[9진04-03] 잠정적인 진로 목표와 관련된 다양한 교육, 진로 경로를 계획할 수 있다.

중학생활 끝판왕 p128-9

나의 공부 성향을 찾고 공부계획 세우기

꿈(내가 하고 싶은 일)
가고 싶은 대학 또는 회사
목표하는 대학과 회사의 일반적인 성격
공부 계획

설명 & 내용

공부 유형에 따라 공부 계획을 구체화시켜 적어본다.

1-5 나의 시간 관리 매트릭스

20   년   월   일
☐ 자율활동 ☐ 동아리활동 ☐ 진로활동 ☐ 진로수업 ☐ 교과수업 ※ 해당활동에 체크

성취기준 [9진03-01] 진로에서 학습의 중요성을 이해하고 설명할 수 있다.
중학생활 끝판왕 p135

날마다 크는 나의 하루

나에게한마디!

몸건강점수   ① ② ③ ④ ⑤
마음건강점수   ① ② ③ ④ ⑤

20____년 ____월 ____일

시간	배운 내용	확인
( )교시		☺ ☹ ☹
( )교시		☺ ☹ ☹
( )교시		☺ ☹ ☹
■ 숙제&준비물		
■ 방과후할일1		☺ ☹ ☹
■ 방과후할일2		☺ ☹ ☹

오늘 내가 한 긍정적인 말은?

오늘 (   )를 칭찬하면?

오늘 내가 한 일 중 가장 잘한 것은?
(나의 성공일기)

내일의 계획

나를 격려해주세요!

3교시 **학습 코칭**

2-1 스터디 플래너

20 년 월 일

☐ 자율활동　☐ 동아리활동　☐ 진로활동　☐ 진로수업　☐ 교과수업　※ 해당활동에 체크

성취기준	[9진03-01] 진로에서 학습의 중요성을 이해하고 설명할 수 있다.
	중학생활 끝판왕 p135

스터디 플래너

WEEK _____　MONTH _____　NAME _____

오늘할일 중요하고 긴급한 것부터 적어볼까요?

To do
1. ☐ ....
2. ☐ ....
3. ☐ ....
4. ☐ ....

☐ 수행한 경우　☐ 수행하지 못하거나 할 필요가 없는 경우　☐ 미루는 경우

◎ 완벽한수행　○ 수행　△ 부족　× 제대로 수행하지 못함

과목	계획및내용	체크

평가　성취도 ☆☆☆☆☆　만족도 ☆☆☆☆☆

힘든하루를 보낸 나에게한마디

수행평가 과제 준비물

☐　☐　☐　☐

2-2 지필고사 공부 계획 1

20 년 월 일

☐ 자율활동 ☐ 동아리활동 ☐ 진로활동 ☐ 진로수업 ☐ 교과수업 ※ 해당활동에 체크

성취기준 [9진03-01] 진로에서 학습의 중요성을 이해하고 설명할 수 있다.
중학생활 끝판왕 p135

지필고사 공부 계획

목표

1일차 월 일 요일	2일차 월 일 요일	3일차 월 일 요일	4일차 월 일 요일
☐ ☐ ☐ ☐	☐ ☐ ☐ ☐	☐ ☐ ☐ ☐	☐ ☐ ☐ ☐

과목	지필평가 시험범위 & 내용 글로 적기힘들다면 가정통신문을 붙여도 좋아요.
국어	
도덕	
사회	
역사	
수학	
과학	
기술	
가정	
영어	
정보	
한문	
체육	
음악	
미술	
중국어	

3교시 **학습 코칭**

2-3 지필고사 공부 계획 2

20   년   월   일
☐ 자율활동   ☐ 동아리활동   ☐ 진로활동   ☐ 진로수업   ☐ 교과수업   ※ 해당활동에 체크

성취기준   [9진03-01] 진로에서 학습의 중요성을 이해하고 설명할 수 있다.
중학생활 끝판왕 p135

시험 4주 전 준비 계획

> ❝ 나의 목표·나의 다짐
>
>   ❞

요일 구분							
4주전							
3주전							
2주전							
1주전							
시험 주간							

3-1 성적표 제대로 읽기 1

20   년   월   일

☐ 자율활동   ☐ 동아리활동   ☐ 진로활동   ☐ 진로수업   ☐ 교과수업   ※ 해당활동에 체크

성취기준　[9진03-01] 진로에서 학습의 중요성을 이해하고 설명할 수 있다.

중학생활 끝판왕 p135

자유학기 성적표 읽기
자유학기는 과정형 평가로 이루어지므로 서술형 평가로 기록됩니다.

과목별 성취도	1학기	2학기
국어		
영어		
수학		
과학		
사회		

3교시 **학습 코칭**

3-2 성적표 제대로 읽기 2

20   년   월   일
☐ 자율활동   ☐ 동아리활동   ☐ 진로활동   ☐ 진로수업   ☐ 교과수업   ※ 해당활동에 체크

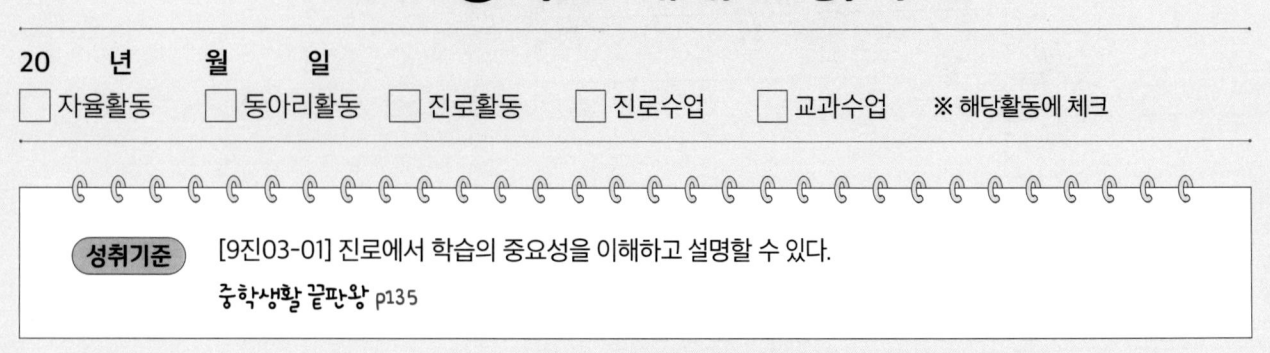

성취기준   [9진03-01] 진로에서 학습의 중요성을 이해하고 설명할 수 있다.
중학생활 끝판왕 p135

2, 3학년 성적표 바로 읽기

과목	지필/수행	고사/영역명 (비율)	만점	받은 점수	합계	성취도	원점수/과목평균 (표준편차)
국어							
영어							
수학							

과목	지필/수행	고사/영역명 (비율)	만점	받은 점수	합계	성취도	원점수/과목평균 (표준편차)
과학							
사회							
역사							

3교시 **학습 코칭**

과목	지필/수행	고사/영역명 (비율)	만점	받은 점수	합계	성취도	원점수/과목평균 (표준편차)

 설명 & 내용

과목별로 영역과 점수, 성취도와 평균을 직접 기록하며 나의 성취정도를 확인할 수 있도록 한다.

4-1 나의 메타인지 알아보기

20   년   월   일

☐ 자율활동　☐ 동아리활동　☐ 진로활동　☐ 진로수업　☐ 교과수업　※ 해당활동에 체크

성취기준　[9진03-01] 진로에서 학습의 중요성을 이해하고 설명할 수 있다.

중학생활 끝판왕 p135

나의 메타인지 알아보기

나의 메타인지 테스트하기
(https://www.youtube.com/watch?v=DmXzBDm1dLk)

메타인지 향상 학습법

메타인지 학습법	메타인지 활용 경험		적합도 (상, 중, 하)
낯설게 학습하기			
셀프 테스트	백지쓰기		
	객관식 공부법		
	지우개 공부법		
머릿글자 암기법			
장소기업법			
페그워드법			
연속으로 외우기			
구조화기법			

설명 & 내용

내가 경험했던 메타인지 활용법에 대해 간단히 적어보고 나의 공부법으로 적합한지 여부를 표기한다.

3교시 학습 코칭

5-1 과목별 학습법

20   년   월   일

☐ 자율활동　☐ 동아리활동　☐ 진로활동　☐ 진로수업　☐ 교과수업　※ 해당활동에 체크

성취기준　[9진03-01] 진로에서 학습의 중요성을 이해하고 설명할 수 있다.

중학생활 끝판왕 p159-p217

메타인지 학습법

( ) 공부 어떻게 하면 좋을까?	
평소 나의 공부법	
적용하고 싶은 학습법	
구체적 실천 계획	
적용 후 배우고 느낀 점	
보완할 내용	

설명 & 내용

1. 과목별로 평소 나의 공부법을 돌아보고 적용하고 싶은 학습법과 실천계획을 기록한다.
2. 학습법 적용 후 배우고 느낀 점을 적어보고 나의 학습법에서 보완할 내용을 통해 공부전략을 완성해본다.

6-1 교과세특 내가 작성해보기 1

20   년   월   일

☐ 자율활동   ☐ 동아리활동   ☐ 진로활동   ☐ 진로수업   ☐ 교과수업   ※ 해당활동에 체크

성취기준 [9진03-01] 진로에서 학습의 중요성을 이해하고 설명할 수 있다.

중학생활 끝판왕 p220-p221

교과세특 내가 작성해보기

국어 과목 세부능력 특기사항 예시

> 평소에 관심 있는 분야의 책을 정독하며 필요한 정보를 추출하고 정리하여 생각을 표현할 수 있는 능력이 있음. 자신에게 영향을 준 책으로 '일론 머스크, 미래의 설계자(애슐리 반스)'를 독서 계획에 맞춰 읽고 미래지향적인 융합형인재가 되겠다고 다짐함. 자신의 미래계획과 방향을 논리적이고 자신감 있게 발표하여 큰 호응을 얻음. 창조하는 힘을 갖기 위한 통찰력과 과학적 사고력, 따뜻한 인성의 중요성을 강조하며 시선처리와 몸짓 등 비언어적 표현을 효과적으로 사용할 수 있는 학생임. 자신의 관심사와 친구들의 공감을 연결하며 키워드를 정리하여 효과적인 전달력을 연출하는 능력이 뛰어남. 평소 환경 분야에 관심이 많아 '설득하는 글쓰기 활동'을 통해 수소에너지에 대한 다양한 자료를 수집, 분석하여 탄소 배출을 줄이는 데 효과적인 수소 에너지의 필요성과 경제성을 설득력 있게 주장함. 독자의 흥미유발을 위해 다양한 자료를 활용하는 노력이 돋보임.

국어 세부능력 특기사항

수학 세부능력 특기사항

설명 & 내용

세부능력 특기사항 예시를 보고 나의 희망 진로에 맞게 나의 과목별 세부능력 특기사항을 기록해본다.

6-2 교과세특 내가 작성해보기 2

20   년   월   일

☐ 자율활동　　☐ 동아리활동　　☐ 진로활동　　☐ 진로수업　　☐ 교과수업　　※ 해당활동에 체크

성취기준　[9진03-01] 진로에서 학습의 중요성을 이해하고 설명할 수 있다.

중학생활 끝판왕 p220-p221

교과세특 내가 작성해보기

영어 세부능력 특기사항

과학 세부능력 특기사항

사회 세부능력 특기사항

설명 & 내용 ☺

세부능력 특기사항 예시를 보고 나의 희망 진로에 맞게 나의 과목별 세부능력 특기사항을 기록해본다.

7-1 내 학습 무기들 살펴보기

20   년   월   일

☐ 자율활동   ☐ 동아리활동   ☐ 진로활동   ☐ 진로수업   ☐ 교과수업   ※ 해당활동에 체크

성취기준 [9진03-01] 진로에서 학습의 중요성을 이해하고 설명할 수 있다.

중학생활 끝판왕 p223

내 학습 무기들 살펴보기

과목	학습 도구	공부법 돌아보기	점수 ○ △ ×	보완할 점
국어	교과서			
	공책			
	문제집			
수학	교과서			
	공책			
	문제집			
영어	교과서			
	공책			
	문제집			
과학	교과서			
	공책			
	문제집			

설명 & 내용

1. 나의 교과서와 공책, 문제집을 살펴보고 공부법을 돌아본다.
2. 자기평가를 통해 자기주도적 학습이 이루어지도록 보완해본다.

3교시 **학습 코칭**

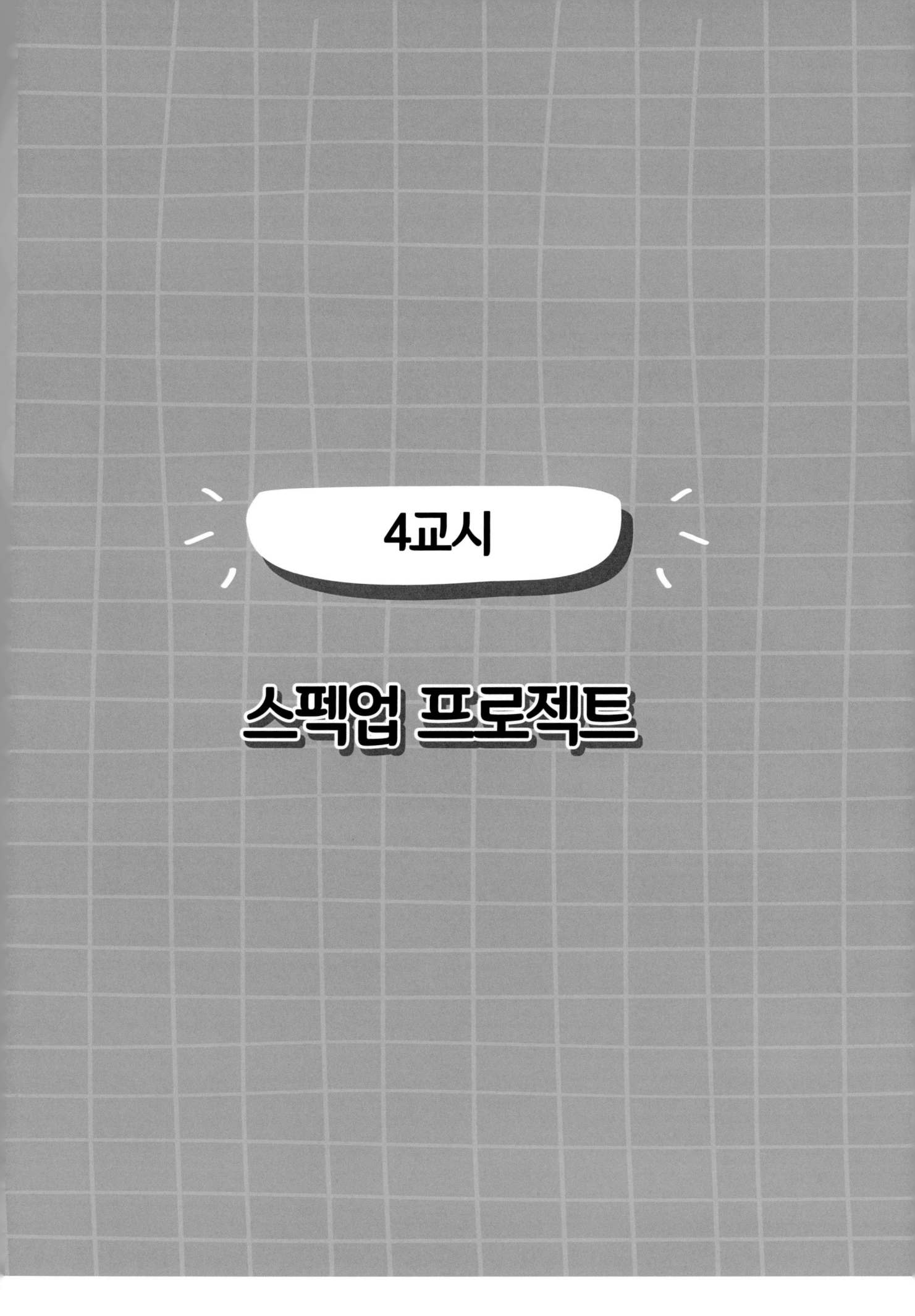

4교시

스펙업 프로젝트

1-1 나에게 맞는 포트폴리오 찾기

20   년   월   일

☐ 자율활동   ☐ 동아리활동   ☐ 진로활동   ☐ 진로수업   ☐ 교과수업   ※ 해당활동에 체크

성취기준 [9진03-01] 진로에서 학습의 중요성을 이해하고 설명할 수 있다.
중학생활 끝판왕 p234~p239

나에게 맞는 포트폴리오 찾기

포트폴리오 방법	큐알 코드	장점	단점
구글 Keep메모			
패들렛			
구글 프레젠테이션			
브런치			
티스토리			
블로그			

 **설명 & 내용**

나에게 맞는 포트폴리오를 찾기 위해 각각의 플랫폼을 접속해보고 장단점을 적어본다.

2-1 나의 진로도서 선정하기

20   년   월   일

☐ 자율활동   ☐ 동아리활동   ☐ 진로활동   ☐ 진로수업   ☐ 교과수업   ※ 해당활동에 체크

(성취기준)   [9진03-01] 진로에서 학습의 중요성을 이해하고 설명할 수 있다.
[9진03-04] 관심 직업분야의 다양한 진로 경로를 탐색할 수 있다.

중학생활 끝판왕 p241

나의 진로도서 선정하기

1학년

영역	종류	도서명	저자	출판사

2학년

영역	종류	도서명	저자	출판사

3학년

영역	종류	도서명	저자	출판사

설명 & 내용

학년별로 추천도서 목록을 살펴보고 나의 진로와 관련된 도서를 3권 선정해본다.

4교시 **스펙업 프로젝트**

2-2 독서로 하는 과제탐구

20 년 월 일

☐ 자율활동   ☐ 동아리활동   ☐ 진로활동   ☐ 진로수업   ☐ 교과수업   ※ 해당활동에 체크

성취기준   [9진03-01] 진로에서 학습의 중요성을 이해하고 설명할 수 있다.
[9진03-04] 관심 직업분야의 다양한 진로 경로를 탐색할 수 있다.

중학생활 끝판왕 p254

독서계획 세우기

교과		도서명/저자			출판사/분야	
활동 계기/목표						
독서 내용						
배운 점/ 느낀 점		동의하는 구절/내용				
		내 생각과 다른 부분				
		활용계획 (학습/활동/후속독서)				
선생님/친구와의 소통에 활용한 점						
학생부 브랜딩						

설명 & 내용 😊

과제탐구 독서활동을 나의 진로에 맞게 기록해본다.

2-3 교과연계 과제탐구

20   년   월   일

☐ 자율활동   ☐ 동아리활동   ☐ 진로활동   ☐ 진로수업   ☐ 교과수업   ※ 해당활동에 체크

성취기준   [9진03-01] 진로에서 학습의 중요성을 이해하고 설명할 수 있다.

중학생활 끝판왕 p254

디자인씽킹 설계하기

단계	선정한 주제	
1	공감	
2	정의	
3	아이디어	
4	프로토타입 제작	
5	테스트	

설명 & 내용 ☺

교과연계 과제탐구를 위한 디자인씽킹을 위해 주제를 선정하고 단계별로 구체화해본다.

4교시 **스펙업 프로젝트**

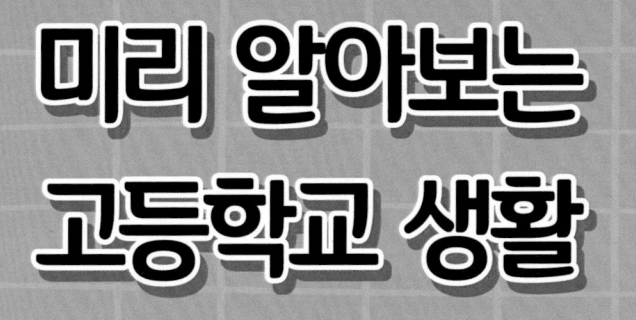

5교시

미리 알아보는
고등학교 생활

1-1 진로연계학기 알아보기

20   년   월   일

☐ 자율활동   ☐ 동아리활동   ☐ 진로활동   ☐ 진로수업   ☐ 교과수업   ※ 해당활동에 체크

| 성취기준 | [9진04-04] 자신이 원하는 진로와 관련 있는 고등학교를 선택할 수 있다. |

활동지

1 진로연계학기에 대해 알아볼까요? 다함께 빈칸을 채워 넣어봅시다.

2 커리어넷의 아로플러스 검사를 실시해보고, 나를 조금 더 알아봅시다.

커리어넷의 중·고등학생용 심리검사(아로플러스)
https://www.career.go.kr/cnet/front/examen/aroplusMain.do

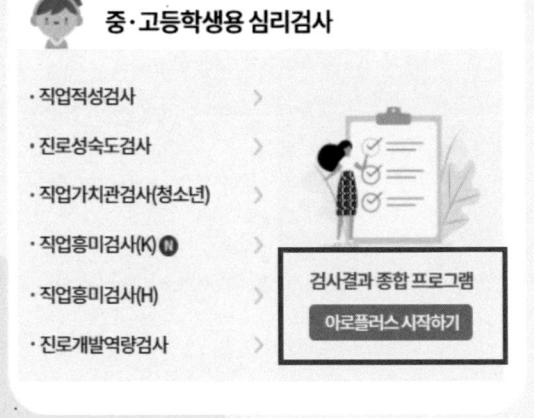

3 검사 후, 2교시 진로 네비게이션 검사와 결과를 비교해 보고 과거의 검사와 비교해 보았을 때, 달라진 점에 대해 기록해 봅시다.

1-2 고등학생이 된 나를 표현하기

20   년   월   일

☐ 자율활동 ☐ 동아리활동 ☐ 진로활동 ☐ 진로수업 ☐ 교과수업 ※ 해당활동에 체크

성취기준 [9진04-03] 잠정적인 진로 목표와 관련된 다양한 교육, 진로 경로를 계획할 수 있다.

활동지

1 고등학생이 된 나를 친구들에게 소개해봅시다.

나의 이름은?	
나의 진로와 관련하여 내가 좋아하는 일은?	
나의 하루 일과 중 가장 많은 빈도를 차지하는 일은?	
친구들에게 소개해주고 싶은 책은?	
나의 성격을 한 단어로 표현하자면?	
내가 꿈꾸는 고등학교 생활을 한 문장으로 표현하자면?	

2 여러 초상화 중 내가 이상적으로 생각한 인물의 초상화를 찾아 그려보고, 이유를 적어봅시다.

내가 선택한 초상화의 인물	이유는?

5교시 미리 알아보는 고등학교 생활

1-3 나의 미래를 위한 진로독서 맛보기

20 년 월 일

☐ 자율활동   ☐ 동아리활동   ☐ 진로활동   ☐ 진로수업   ☐ 교과수업   ※ 해당활동에 체크

성취기준   [9진04-03] 잠정적인 진로 목표와 관련된 다양한 교육, 진로 경로를 계획할 수 있다.

활동지

1 연세대학교 도서관 홈페이지에 접속합니다. https://library.yonsei.ac.kr

2 연세대학교 도서관의 컬렉션에서 연세 필독 도서 탭을 클릭합니다.

> 연세필독도서란 연세대학교 교수들로 구성된 '연세필독도서 추천위원회'에서 선정한 고전 200선을 별도의 코너로 구성하여 서비스되는 컬렉션임.

전시 코너별 컬렉션
- 연세 필독 도서
- 사서 추천 도서
- 우수 학술 도서
- 교수 저서
- 윤동주 컬렉션
- 취업 도서
- 기증 도서
- 대만한학자원(TRCCS)

3 여러 분야의 필독서 리스트를 살펴본 후, 자신의 진로와 관련하여 읽고 싶은 책의 이름과 저자를 적어봅시다.

- 문학분야/한국문학
- 문학분야/일본문학
- 문학분야/임미문학
- 문학분야/프랑스문학
- 문학분야/제3세계문학
- 사상·이론분야/철학·예술분야
- 사상·이론분야/자연·응용과학분야

- 문학분야/중국문학
- 문학분야/서양고산문학
- 문학분야/독일문학
- 문학분야/러시아문학
- 사상·이론분야/역사지리분야
- 사상·이론분야/사회과학분야

책의 이름	
저자	

4 포털사이트에 책의 줄거리를 검색하여 읽고, 책의 줄거리를 요약하여 적어봅시다.

5 책의 줄거리를 읽은 후, 자신의 진로와 관련하여 느낀 점에 대해 적어봅시다.

6 연세필독도서 리스트 중 자신이 읽은 책이 있었나요? 읽은 책이 있다면 그 책의 이름들을 적어봅시다.

5교시 **미리 알아보는 고등학교 생활**

1-4 나의 중학교 생활 돌아보기

20   년   월   일

☐ 자율활동　☐ 동아리활동　☐ 진로활동　☐ 진로수업　☐ 교과수업　※ 해당활동에 체크

성취기준　[9진04-04] 자신이 원하는 진로와 관련 있는 고등학교를 선택할 수 있다.

활동지

1 새로 입학하는 후배들에게 즐거운 중학교 생활을 위한 Tip!을 편지로 적어봅시다.

〈편지에 들어가면 좋을 내용들〉

- 1,2,3학년 각 학년별 꼭 참여하길 바라는 학교 행사와 이유
- 중학교 생활을 돌아보며, 가장 기억에 나는 중학교 행사 혹은 활동과 이유
- 중학교 생활을 하며 아쉬웠던 점과 자신의 경험을 반영하여 후배들에게 꼭 당부하고 싶은 이야기
- 중학교 생활을 돌아보며, 나 자신을 칭찬하고 싶었던 일과 이유

2 중학교 생활을 돌아보며, 고등학교 생활에서 꼭 이루고 싶은 다짐 일기를 작성해 봅시다.

2-1 고등학교 유형 살펴보기

20   년   월   일

☐ 자율활동   ☐ 동아리활동   ☐ 진로활동   ☐ 진로수업   ☐ 교과수업   ※ 해당활동에 체크

성취기준   [9진04-04] 자신이 원하는 진로와 관련 있는 고등학교를 선택할 수 있다.

중학생활 끝판왕 p269

1 고등학교의 유형을 살펴보고, 우리 지역의 고등학교를 정리해 봅시다.

학교 유형	종류	목적	우리지역의 학교명
일반 고등학교	일반고	일반고등학교란 특정분야가 아닌 다양한 분야에 걸쳐 일반적인 교육을 실시하는 고등학교	
특수목적 고등학교	외국어고	외국어고등학교란 외국어에 능숙한 인재양성을 위한 외국어계열의 고등학교	
	국제고	국제고등학교란 국제정치 및 외교 분야 전문 인재 양성을 목적으로 하는 고등학교	
	과학고	과학고등학교란 과학인재양성을 위해 전문적인 교육을 목적으로 하는 과학계열의 고등학교	
	예술·체육고	예술고등학교란 문학, 음악, 미술, 무용, 연극, 영화 등 예술실기인재 양성을 목적으로 하는 고등학교	
	마이스터고	마이스터고등학교란 유망분야의 특화된 산업수요와 연계하여 예비 마이스터 (Young Meister)를 양성하는 고등학교	
특성화 고등학교	특성화고(직업)	직업교육분야의 특성화고등학교란 졸업 후 취업을 희망하는 학생들을 대상으로, 애니메이션, 요리, 영상, 관광, 공예, 디자인, 도예 등 다양한 분야의 교육을 실시하는 고등학교	
	특성화고(대안)	대안학교란 공교육의 문제점을 보완하고자 학습자 중심의 자율적인 프로그램을 운영하도록 만들어진 종래의 학교교육과는 다른 대안교육을 실천하는 학교	
자율형 고등학교	자율형사립고	자율형사립고등학교란 학교의 건학이념에 따라 교육과정 및 학사운영 등을 자율적으로 운영할 수 있도록 지정·고시된 고등학교	
	자율성공립고	자율형공립고등학교란 공립 고등학교를 대상으로 교육감이 교육제도 개선 및 발전을 위해 필요하다고 인정하는 경우, 학교 또는 교육과정을 자율적으로 운영할 수 있도록 지정·고시된 고등학교	
영재학교	영재학교	영재학교란 타고난 잠재력 계발을 위해 특별한 교육이 필요한 영재를 대상으로 능력과 소질에 맞는 교육을 위해 설립된 고등학교과정 이하의 학교	

설명 & 내용

고등학교에 입학하여 자신의 진로를 결정할 때, 워크북에서 활동했던 방법을 토대로 교과와 관련된 책들을 찾아 읽어본다.

5교시 미리 알아보는 고등학교 생활

활동지

2 각 지역별 고등학교 입학전형 기본계획을 살펴보고, 전기학교와 후기학교의 선발 시기를 정리하여 봅시다.

전기학교	
후기학교	

3 고입포털사이트(https://www.hischool.go.kr/)에서 자신이 가고 싶은 고등학교 홈페이지를 통해 학교에 대해 미리 알아봅시다.

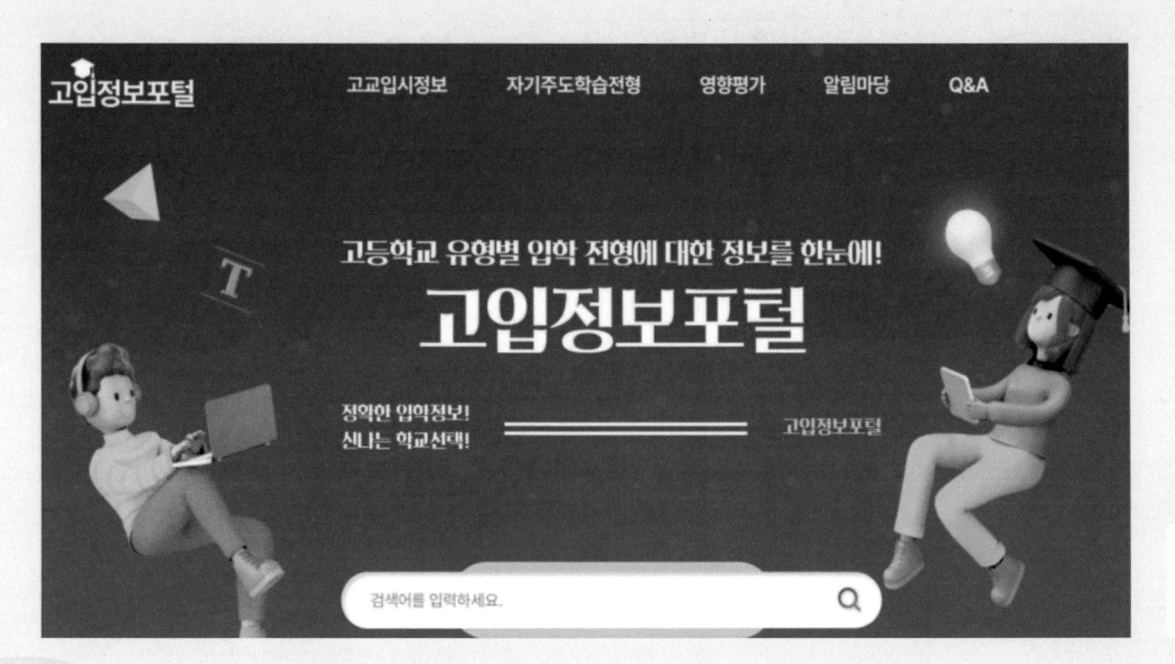

학교명 :	남녀 구분 :
주소 :	선발 시기 :
홈페이지 :	입학자선정유형 :
설립 구분 :	교과 특성화 :
설립 유형 :	전화번호 :
설립 일자 :	관할교육청 :

2-2 고등학교 생활 엿보기(일과 및 시간표)

20   년   월   일

☐ 자율활동   ☐ 동아리활동   ☐ 진로활동   ☐ 진로수업   ☐ 교과수업   ※ 해당활동에 체크

성취기준   [9진04-04] 자신이 원하는 진로와 관련 있는 고등학교를 선택할 수 있다.

1 고등학교의 일과 및 시간표를 살펴보고 중학교 일과와 다른 점을 정리해봅시다.

고등학교 일과표(예)

구분	시간
등교 및 조회	08:30~08:40
1교시	08:40~09:30
2교시	09:40~10:30
3교시	10:40~11:30
4교시	11:40~12:30
점심시간	12:30~13:30
5교시	13:30~14:20
6교시	14:30~15:20
7교시	15:30~16:20
청소 및 종례	16:20~16:40
방과후 수업	16:40~17:20
저녁시간	17:20~18:20
자기주도학습1	18:20~19:30
자기주도학습2	19:50~21:30

고등학교 1학년 시간표(예)

○ 대부분 공통과목 중심으로 반 전체가 같은 시간표로 수업에 참여합니다.

구분	월	화	수	목	금
1	국어	미술	통합사회	한문 I	한국사
2	한문 I	국어	수학	국어	영어
3	운동과 건강	통합사회	한국사	수학	과학실험
4	한국사	수학	영어	과학실험	국어
5	영어	통합사회	동아리	통합과학	영어
6	수학	통합과학		기술가정	자율
7	미술			기술가정	

고등학교 2학년 시간표(예)

○ 학교 지정과목은 교실에서, 학생 선택과목은 같은 과목을 선택한 학생들과 함께 지정된 교과 교실로 이동하여 수업을 듣습니다. 고교학점제의 특성 상 학교 여건에 따라 공강시간이 발생할 수 도 있습니다.

구분	월	화	수	목	금
1	독서	영어Ⅰ	수학Ⅰ	한국지리	운동과 건강
2	수학Ⅰ	한국지리	독서	수학Ⅰ	
3	영어Ⅰ	수학Ⅰ	영어Ⅰ	음악	한국지리
4	운동과 건강	음악	한국지리	일본어Ⅰ	독서
5	독서	일본어Ⅰ	동아리	음악	수학Ⅰ
6		음악		심리학	영어Ⅰ
7	한국지리	심리학		영어Ⅰ	자율

고등학교 3학년 시간표(예)

○ 학생들의 선택과목이 많아지면서 대부분을 같은 과목을 선택한 학생들과 이동하여 수업을 듣습니다.

구분	월	화	수	목	금
1	언어와 매체	확률과 통계	언어와 매체	진로영어	세계지리
2	스포츠	언어와 매체	확률과 통계		고전윤리
3	확률과 통계	세계지리	진로영어	세계지리	진로영어
4	세계지리	진로영어	세계지리	언어와 매체	중국어Ⅱ
5	진로영어		동아리	고전윤리	확률과 통계
6	고전윤리	진로		고전윤리	언어와 매체
7	중국어Ⅱ	고전윤리			자율

○ 수업 시간, 수업 이동 현황 등을 고려하여 중학교의 일과 혹은 시간표와 다른 점을 정리해 봅시다.

2-3 고등학교 생활 엿보기(교육과정)

20 년 월 일

☐ 자율활동　☐ 동아리활동　☐ 진로활동　☐ 진로수업　☐ 교과수업　※ 해당활동에 체크

성취기준 [9진04-04] 자신이 원하는 진로와 관련 있는 고등학교를 선택할 수 있다.

1 중학교의 교육과정과 고등학교(일반고, 특성화고와 산업수요 맞춤형 고등학교)의 교육과정을 보고, 다른점을 정리해봅시다.

중학교 교육과정

2015 개정 중학교 교육과정에서의 시간 배당 기준은 <표 Ⅲ-6>와 같다.

<표 Ⅲ-6> 중학교 시간 배당 기준(교육부. 2015)

구 분		1-3학년
교과(군)	국어	442
	사회(역사 포함)/도덕	510
	과학/기술·가정/정보	680
	체육	272
	예술(음악/미술)	272
	영어	340
	선택	170
	소계	3,060
창의적 체험활동		306
총 수업 시간 수		3,366

일반고의 교육과정

	교과 영역	교과(군)	공통 과목(단위)	필수 이수 단위	자율 편성 단위
교과(군)	기초	국어	국어(8)	10	학생의 적성과 진로를 고려하여 편성
		수학	수학(8)	10	
		영어	영어(8)	10	
		한국사	한국사(6)	6	
	탐구	사회 (역사/도덕 포함)	통합사회(8)	10	
		과학	통합과학(8) 과학탐구실험(2)	12	
	체육·예술	체육		10	
		예술		10	
	생활·교양	기술·가정/ 제2외국어/한문/교양		16	
소계				94	86
창의적 체험활동				24(408시간)	
총 이수 단위				204	

교과 영역	교과(군)	공통 과목(단위)	필수 이수 단위	자율 편성 단위
교과(군)	기초	국어	국어(8)	24	학생의 적성·진로와 산업계 수요를 고려하여 편성
		수학	수학(8)		
		영어	영어(8)		
		한국사	한국사(6)	6	
	탐구	사회 (역사/도덕 포함)	통합사회(8)	12	
		과학	통합과학(8)		
	체육·예술	체육		8	
		예술		6	
	생활·교양	기술·가정/ 제2외국어/한문/교양		10	
소계				94	86
창의적 체험활동				24(408시간)	
총 이수 단위				204	

2 학점, 교과군 등을 살펴보며 중학교와 고등학교 교육과정의 다른 점을 정리해봅시다.

2-4 고등학교 생활 엿보기(학사일정)

20   년   월   일

☐ 자율활동   ☐ 동아리활동   ☐ 진로활동   ☐ 진로수업   ☐ 교과수업   ※ 해당활동에 체크

성취기준   [9진04-04] 자신이 원하는 진로와 관련 있는 고등학교를 선택할 수 있다.

1 가고 싶은 고등학교의 홈페이지를 통해 해당 학교의 학사일정(학교에서 이루어지는 교육활동에 관한 계획)을 월별로 정리하여 적어봅시다.

월	( )고등학교의 학사일정 및 행사
3월	
4월	
5월	
6월	
7월	
8월	
9월	
10월	
11월	
12월	
1월	

2 완성된 고등학교 학사일정을 살펴보고, 자신의 진로와 관련하여 놓치지 말아야 하는 행사들을 적어보고, 이유도 함께 적어봅시다.

5교시 미리 알아보는 고등학교 생활

2-5 고등학교 생활 엿보기(학교생활기록부)

20   년   월   일

☐ 자율활동 ☐ 동아리활동 ☐ 진로활동 ☐ 진로수업 ☐ 교과수업 ※ 해당활동에 체크

성취기준 [9진04-04] 자신이 원하는 진로와 관련 있는 고등학교를 선택할 수 있다.

중학생활 끝판왕 진로끝판왕2권 p34

---

1 학교생활기록부란?

■ 학교생활기록부는 학생의 학습경험과 개인별 경험이 연간 누적 기록되는 공식 문서
■ 학생들이 학교생활기록부를 중심으로 자신의 진로에 맞는 활동을 준비하도록 세부내용을 안내해주는 자료

학교생활기록부 내용	세부 내용
① 인적 사항	성명, 주소, 가족 관계, 특기사항 등
② 학적 사항	출신 학교, 전출입, 편입, 복학, 재입학 등과 관련된 내용
③ 출결 사항	재학 기간 중 출결 상황(결석, 지각, 조퇴, 결과)을 질병/무단/기타로 구분한 횟수 및 특기사항
④ 수상 경력	교내에서 받은 상의 명칭, 등급(등위), 참가 대상(참가 인원)을 기록함
⑤ 자격증 취득 상황	재학기간 중 학생이 취득한 자격증의 현황
⑥ 진로 희망 사항	학생의 진로 희망과 희망 사유
⑦ 창의적 체험활동 상황	자율. 동아리, 봉사, 진로 활동의 4가지 영역의 시간과 특기사항
⑧ 교과학습 발달 상황	학기별 이수 교과의 성적, 세부능력 및 특기사항
⑨ 독서 활동 상황	학생이 읽은 도서명(저자명)을 담임교사와 교과 교사가 기록함
⑩ 행동 특성 및 종합 의견	객관적 사실에 기초해 학생을 총체적으로 이해할 수 있게 진술한 담임교사의 종합적 의견

출처: 2020 중-고등학교 학교생활기록부 기재 요령, 교육부

2 학교생활기록부 기재 내용(결국 교과 선생님이 작성하는 교과 세부능력 및 특기사항, 담임교사가 작성하는 종합의견, 자율활동, 진로활동 특기사항, 동아리 선생님께서 작성하는 동아리 활동이 특기사항의 핵심!!)

영역		내용
수상경력		대입(학교생활기록부에 반영, 대입에는 미반영)
창의적 체험활동	자율 활동	연간 500자
	동아리 활동	연간 500자
		자율동아리(학교생활기록부에 반영, 대입 미반영)
		청소년 단체활동(학교생활기록부에 반영, 대입 미반영)
		소논문 기재금지
	봉사활동	특기사항(학교 생활기록부에 미기재)
		개인봉사활동실적(학교생활기록부에 반영, 대입 미반영)
		단, 학교 교육계획에 따라 교사가 지도한 실적은 대입에 반영
	진로활동	연간 700자
		진로희망분야(학교생활기록부에 반영, 대입 미반영)
교과학습발달상황		과목당 500자
		개인별 세부능력 및 특기사항 연간 500자
		방과후학교활동(수강) 내용(학교생활기록부에 미기재)
		영재·발명교육실적(학교생활기록부에 기록하나, 대입에는 반영하지 않음)
독서활동상황		학교 생활기록부에는 기록하나, 대입에는 미반영
행동 특성 및 종합의견		연간 500자

2-6 슬기로운 고등학교 1학년 생활

20   년   월   일

☐ 자율활동 ☐ 동아리활동 ☐ 진로활동 ☐ 진로수업 ☐ 교과수업 ※ 해당활동에 체크

성취기준 [9진04-04] 자신이 원하는 진로와 관련 있는 고등학교를 선택할 수 있다.

1 고등학교의 동아리는 대입 시 전공에 대한 관심과 적합성 등을 보는 척도로 활용됩니다. 따라서 '학교 알리미' 혹은 '가고 싶은 학교 홈페이지'를 통해 희망 진로와 관련된 동아리가 있는지 확인을 해야 합니다. 자신의 진로와 관련된 동아리를 찾아 적어봅시다.

2 정신없는 3월, 학교에 적응하기 힘든 3월에 여러분은 전국엽합학력평가를 보게 됩니다.
인터넷에 전국연합학력평가 시간표를 검색하여 시간표를 작성해 봅시다.

		시간	진행요령
	수험생 입실완료		
1교시	감독관 입실		
	준비령		
	본령		
	국어 영역 시험		
	종료령		
	휴식		
2교시	준비령		
	본령		
	수학 영역 시험		
	종료령		
	점심		
3교시	준비령		
	듣기평가 안내방송		
	본령		
	영어영역시험		
	-듣기평가 25분 이내		
	종료령		
	휴식		
4교시	준비령		
	본령		
	한국사 영역 시험		
	-한국사 영역 문답지 회수		
	-탐구영역 문답지 배부		
	탐구(사회) 영역 시험		
	시험 본 과목 문제지 회수		
	탐구(과학) 영역 시험		
	종료령		

(전국연합학력평가는 전국에 있는 동일 학년의 학생들이 동일한 시험으로 서로 실력을 비교한 성적표를 받게 되는 시험이랍니다. 그 결과가 나의 현재 실력이며, 앞으로 교과 공부 계획, 진로에 맞는 과목 선택, 비교과 활동(창의적 체험활동, 방과후 수업, 독서 활동) 등의 학업계획을 설계해야 합니다.)

2-7 건강한 고등학교 생활 맞이하기

20   년   월   일
☐ 자율활동   ☐ 동아리활동   ☐ 진로활동   ☐ 진로수업   ☐ 교과수업   ※ 해당활동에 체크

성취기준   [9진04-04] 자신이 원하는 진로와 관련 있는 고등학교를 선택할 수 있다.

1 건강한 고등학교 생활을 하기 위해서는 '나' 스스로를 돌보는 것이 중요합니다. '나' 스스로를 돌보기 위해 나를 진단해보고자 간단한 검사를 해 볼까요?

■ 방법
1. 국가정신건강정보포털-자가검진-질환별 자가검진 검색
2. 게임 생활습관/ 스마트폰 생활 습관/ 인터넷 생활습관/ 우울증 항목을 검사해보고 결과를 정리해 봅시다.

검사 항목	검사 결과
게임 생활습관	
스마트폰 생활 습관	
인터넷 생활 습관	
우울증	

2 검사결과를 보고 앞으로 건강한 습관을 가지기 위한 나의 다짐 및 생각을 정리해봅시다.

3-1 고교학점제 함께 알아보기

20   년   월   일

☐ 자율활동 ☐ 동아리활동 ☐ 진로활동 ☐ 진로수업 ☐ 교과수업 ※ 해당활동에 체크

성취기준 [9진04-03] 잠정적인 진로 목표와 관련된 다양한 교육, 진로 경로를 계획할 수 있다.

1 고교학점제 홈페이지(http://www.hscredit.kr)를 방문하여, 고교학점제 제도에 대해 이해해 봅시다.
(고교학점제 소개-정책소개) 고교학점제란 어떤 제도인가요?

> ## 교육부(2021)의 정의
>
> ■ (   )에 따라 다양한 과목을 (   )하는 제도
> 지금까지 고등학생들은 주어진 교육과정에 따라 수업을 들었습니다. 하지만 고교학점제가 시행되면, 학생들은 자신의 진로에 따라 원하는 과목을 선택하여 수업을 듣게 됩니다.
>
> ■ 목표한 (   )에 도달했을 때 과목을 이수하는 제도
> 기존에는 학생이 성취한 등급에 상관없이 과목을 이수할 수 있었습니다. 하지만 고교학점제가 시행되면, 학생이 목표한 성취 수준에 충분히 도달하였다고 판단하는 경우에 과목이수를 인정해 줍니다.
>
> ■ (   )이 기준에 도달한 경우에 졸업하는 제도
> 기존 고등학교에서는 출석 일수로 졸업 여부를 결정하였습니다. 하지만 고교학점제가 시행되면, 누적된 과목 이수 학점이 졸업 기준에 이르렀을 때 졸업이 가능하게 됩니다.

2 고교학점제 운영체계의 6단계에 들어갈 빈칸을 채워 넣어 봅시다.

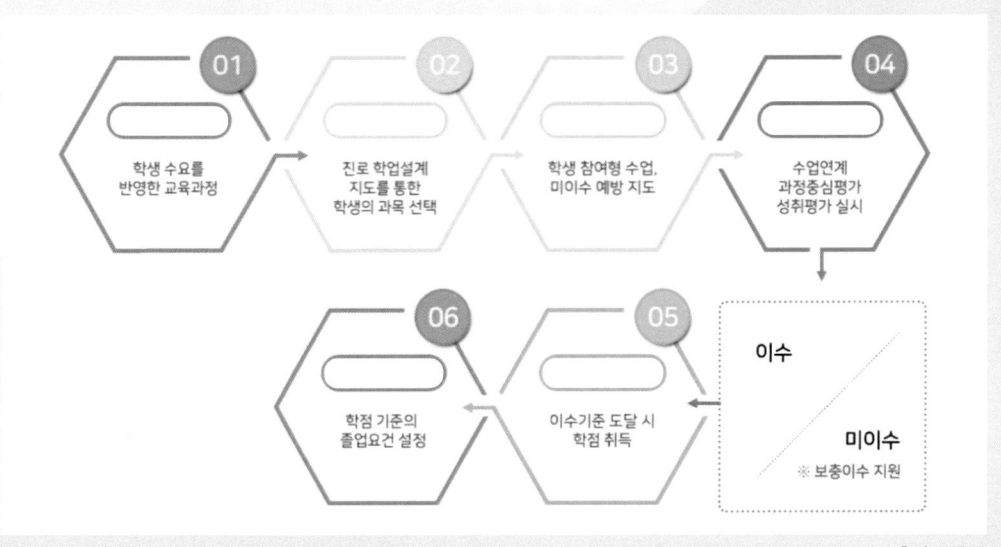

01 학생 수요를 반영한 교육과정
02 진로 학업설계 지도를 통한 학생의 과목 선택
03 학생 참여형 수업, 미이수 예방 지도
04 수업연계 과정중심평가 성취평가 실시
이수 / 미이수 ※ 보충이수 지원
05 이수기준 도달 시 학점 취득
06 학점 기준의 졸업요건 설정

출처: 교육부

5교시 미리 알아보는 고등학교 생활

① (   ) : 학교에서는 우선 학습자의 과목 선택권이 보장되는 학점 기반의 교육과정을 편성
② (   ) : 학생의 학업 설계 결과와 수요 조사를 반영하여 개설이 가능한 과목을 확정, 학생은 개설된 과목 중 원하는 과목을 선택하여 개인 시간표를 작성
③ (   ) : 개인 시간표에 따라 수업에 참여
④ 이수/미이수 : 교사는 석차보다는 학생이 성취 기준에 어느 정도 도달했는가를 평가함으로써 학생의 과목 이수 여부를 결정함.
⑤ (   ) : 학생은 이수한 과목에 대한 학점을 취득
⑥ (   ) : 누적 학점이 졸업 기준에 도달하면 고등학교를 졸업

3 고교학점제의 주요 내용을 살펴보고 빈칸을 채워봅시다.

	2024	2025
수업량	학점(( )분, 16주+1주)	학점( )분, ( )주
졸업 학점	( )학점 (174+18)	( )학점 (174+18)
선택과목 평가 방법	공통, 일반 : 석차등급(9등급) 진로 : A, B, C	공통과목 : 성취도(A,B,C,D,E) +석차등급 병기 모든 선택과목 : A,B,C,D,E +I(미이수)
이수 기준	출석 ( )	출석2/3 교과 성취수준
미이수자 지도	공통과목(국영수) 최소학업성취수준 보장지도	최소학업성취수준 보장지도 보충이수, 대체이수

※ 단, '체육·예술'은 성취도 3단계 외 모두 미산출. '교양'은 P(이수) 외 모두 미산출(현행 방식 유지)

4 (고교학점제 운영-진로·적성정보) 학생들이 자신의 진로와 적성에 따라 다양한 과목을 선택해야 합니다. 학생들의 진로 심리 검사 및 적업 학과 검색 사이트를 홈페이지를 통해 찾아보고 빈칸을 정리해봅시다.

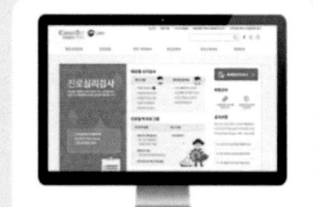

(   )
- 교육부가 지원하고 한국직업능력개발원 국가 진로교육센터에서 운영
- 진로심리검사, 진로상담, 직업·학과정보, 진로동영상, 진로교육자료 등의 정보 제공
- 청소년용 직업적성검사, 직업가치관검사, 진로성숙도검사, 직업흥미검사를 통해 직업과 관련한 나의 심리 상태를 확인 가능
- 진로탐색 프로그램을 통해 나에게 적합한 진로 정보 제공
- 무료 검사(검사 전 회원가입 및 로그인 / 비회원 검사도 가능)

(   )
- 고용노동부 제공(홈 > 직업·진로 홈)
- 청소년 대상 심리검사 8종 제공, 청소년 직업흥미검사, 고등학생 적성검사, 청소년 적성검사(중학생용), 직업가치관검사, 청소년 진로발달검사, 대학 전공(학과) 흥미검사, 초등학생 진로인식검사, 청소년 인성검사
- '대학 전공(학과) 흥미검사'를 통해 관심 직업과 관련한 대학 전공에 대한 정보를 얻을 수 있음
- 무료 검사(검사 전 회원 가입 및 로그인 / 비회원 검사도 가능)

(   )

-한국과학창의재단 운영

-창의적 체험활동 프로그램, 현장체험학습 자료, 지역별 창의적 진로체험 가이드 제공

-다양한 체험활동을 진행할 수 있는 주변의 자원(체험시설, 전시/공연시설, 연구 시설 등) 소개

-창의적 체험활동 실천 교사연구회, 연구회 공개 자료방 등 운영

(   )

-교육부, 대한상공회의소 운영

-초·중·고등학교 및 특수학교 학생들의 진로체험활동 지원을 위해 다양한 체험처 및 체험프로 그램에 대한 정보를 제공

-지역사회의 다양한 진로체험처 검색 서비스 및 체험프로그램 관리

-체험처·학교 매칭을 통한 맞춤형 진로체험활동 지원

(   )

-고용노동부 한국고용정보원 운영

-만 15세 이상~34세 이하 미취업 청년을 대상으로 다양한 직업세계와 산업현장의 체험기회 제공

-상시 신청할 수 있으며 체험 후 수료증 발급

-다양한 기업 탐방 체험 후기 제공

(   )

-어린이, 청소년의 직업 체험을 위한 유료 서비스 기관

-청소년 직업체험관, 직업세계관 및 진로설계관 프로그램 예약 서비스(유료)

-워크넷과 연계한 고용노동부 직업심리검사, 직업 검색 및 학과 검색 서비스 제공

5 (고교학점제 운영-과목 안내) 부산광역시교육청의 2023 신입생 과목선택 안내자료(일반고)/충남교육청의 고등학교 과목 개설 안내(특성화고/마이스터고)를 살펴보고, 나의 진로와 관련된 과목들을 적어보고 이유도 적어봅시다.

나의 진로와 관련된 과목	이유는?

3-2 교육과정 편제표 해석

20 년 월 일

☐ 자율활동　☐ 동아리활동　☐ 진로활동　☐ 진로수업　☐ 교과수업　※ 해당활동에 체크

| 성취기준 | [9진04-03] 잠정적인 진로 목표와 관련된 다양한 교육, 진로 경로를 계획할 수 있다. |

1 아래의 제시된 교육과정 편제표를 보고 학교 지정과목, 학생 선택과목을 정리해봅시다.

구분	교과영역	교과(군)	과목유형	과목	편성단위	1학년 1학기	1학년 2학기	2학년 1학기	2학년 2학기	3학년 1학기	3학년 2학기	비고	편성학점 합 교과군	영역
학교 지정 과목	기초	국어	공통	국어	8	4	4						17	60
			일반	문학	5			5						
			일반	독서	4				4					
		수학	공통	수학	8	4	4						20	
			일반	수학 I	4			4						
			일반	수학 II	4				4					
			일반	확률과 통계	4			2	2					
		영어	공통	영어	8	4	4						17	
			일반	영어 I	5			4						
			일반	영어 II	5				5					
		한국사	공통	한국사	6	3	3						6	
	탐구	사회	공통	통합사회	6	3	3						6	6
		과학	공통	통합과학	8	3	3						8	8
			공통	과학탐구실험	2	1	1							
	체육·예술	체육	일반	체육	4	2	2						10	20
			일반	운동과 건강	2			1	1					
			진로	체육 탐구	4					2	2			
		예술	진로	음악 감상과 비평	2	1	1						10	
			일반	미술	4	2	2							
			진로	미술 창작	4			2	2					
	생활·교양	제2외국어	일반	일본어 I	4			2	2				8	16
			진로	일본어 II	4					2	2			
		교양	교양	진로와 직업	4	1	1						8	
			교양	보건	2	1	1							
			교양	환경	2			1	1					
교과 이수 학점 소계						29	29	21	21	5	5		110	110
선택 과목		선택군1 택(4)	일반	세계지리	4									–
			일반	세계사	4									
			일반	사회·문화	4									
			일반	생활과 윤리	4			8	8				16	
			일반	생명과학 I	4									
			일반	지구과학 I	4									
			일반	물리학 I	4									
			일반	화학 I	4									
		선택군2 택(3)	일반	윤리와 사상	4									
			일반	한국지리	4									
			일반	정치와 법	4									
			일반	세계사	4									
			진로	생명과학 II	4					12			12	
			진로	지구과학 II	4									
			진로	화학 II	4							공동교육과정		
			진로	물리학 II	4									
			진로	인체 구조와 기능	4									
		선택군3 택(3)	진로	여행지리	4									
			진로	고전과 윤리	4									
			진로	사회문제 탐구	4						12		12	
			진로	생활과 과학	4									
			진로	과학사	4									
		선택군4 택(6)	일반	미적분	4									
			진로	기하	4									
			일반	영어 독해와 작문	4									
			진로	진로 영어	4					12	12		24	
			일반	영어 회화	4									
			일반	언어와 매체	4									
			진로	경제 수학	4									
교과 이수 학점 소계						29	29	29	29	29	29			174
이수 학점 총계						51	51	51	51	51	51		306	
교과 이수 학점 소계						32	32	32	32	32	32		192	

과목	과목명
학교 지정과목 : 학생들이 기본적으로 이수해야 하는 공통 과목과 수능 영역별 공통 출제과목을 고려하여 학교가 지정하는 과목	
학생 선택 과목 : 학생들이 선택하여 듣는 과목	

3-3 직업계고의 학점제

20   년   월   일

☐ 자율활동　　☐ 동아리활동　　☐ 진로활동　　☐ 진로수업　　☐ 교과수업　　※ 해당활동에 체크

성취기준　[9진04-03] 잠정적인 진로 목표와 관련된 다양한 교육, 진로 경로를 계획할 수 있다.

1 하이파이브 홈페이지-교육지원-직업계고 학점제탭을 검색하여 직업계고 학점제에 대해 알아봅시다.

직업계고 학점제란?	
직업계고 학점제의 장점	

2 고교학점제 운영 모형에 대해 적어봅시다.

구분		운영모형	내용
기본모형	학과 내	①	
		②	
	학과 간	③	
		④	
선택모형	학교 간	⑤	
		⑥	
	학교 밖	⑦	
		⑧	

3-4 직업계고의 제도 안내

20   년   월   일
☐ 자율활동   ☐ 동아리활동   ☐ 진로활동   ☐ 진로수업   ☐ 교과수업   ※ 해당활동에 체크

성취기준   [9진04-03] 잠정적인 진로 목표와 관련된 다양한 교육, 진로 경로를 계획할 수 있다.

1 아래의 설명을 보고, 직업계고를 분류해서 적어봅시다.

직업계고 유형	설명

2 특성화고·마이스터고 학생의 성장경로를 적어봅시다.

3 전문인재 양성을 위한 직업교육 강화 전략에 대해 적어봅시다.

5교시 **미리 알아보는 고등학교 생활**

4 하이파이브 홈페이지에서 취업·진로-고졸 취업지원 정책-직업계고 현장실습란을 검색하여 내용을 적어봅시다.

직업계고 현장실습 개념	

마이스터고
(현장실습은 과거 근로중심에서 2018년 학습중심으로 전환하여 취업준비 과정으로 운영)

구분	근로중심 현장실습	학습중심 현장실습
교육과정연계		
현장실습 운영 기간		
운영 형태		
프로그램		
기업현장 교사		
현장실습 계약		
신분		
급여/수당		
관련 법령		

5 하이파이브 홈페이지-취업·진로-고졸 취업지원 정책-고교 취업연계 장려금 지원탭을 검색하여 고교 취업연계 장려금 지원 정책에 대한 빈칸을 채워넣어 봅시다.

추진배경	
사업개요의 목적	
사업개요 시행주체	
사업개요 취업연계 장려금	
사업개요 현장실습 지원금	

6 하이파이브 홈페이지-취업·진로-고졸 취업지원 정책-고교 취업연계 장려금 지원탭을 검색하여 청년내일채움공제(고용부 연계) 정책에 대한 빈칸을 채워넣어 봅시다.

청년내일채움공제(고용부) 연계 제도란?	
청년내일채움공제와 연계하여 목돈 마련 방법	

7 하이파이브 홈페이지-교육지원-산학일체형 도제학교를 검색하여 산학일체형 도제학교에 대한 빈칸을 채워넣어 봅시다.

산학일체형 도제교육이란?	

도제교육 운영모델 유형

유형	모델(그림으로 그려보기)	특성
1. 산업계 주도형		
2. 공동 실습소형		
3. 거점 학교형		
4. 단일 학교형		

5교시 **미리 알아보는 고등학교 생활**

8 산학일체형 도제학교의 장점을 나타낸 빈칸을 채워 넣어봅시다.

9 하이파이브-후학습-후학습개요를 검색하여 후학습 제도에 대해 적어봅시다.

후학습제도	

후학습 제도를 이용하는 다양한 방법

후학습 제도 활용 사례

학교	취업		학습	경력개발
원예과	영농조합	관련 분야로 적성에 맞는 분야로 꿈을 실천하는 분야로		
기계과	○○중공업			
경영정보	○○은행			
해양과	○○해양산업			
호텔조리	○○베이커리			

6교시

미래 기술로 알아보는 미래 직업

1-1 인공지능 개념 알기

20   년   월   일

☐ 자율활동   ☐ 동아리활동   ☐ 진로활동   ☐ 진로수업   ☐ 교과수업   ※ 해당활동에 체크

(성취기준)   [9진02-02] 사회적 변화에 따라 새롭게 등장한 직업과 사라진 직업에 대해 설명할 수 있다.

1 인공지능의 개념을 읽어보고 인공지능에 대해 알아봅시다.

> **인공지능(AI : Artificial Intelligence)**
> ■ 인간의 지능으로 수행할 수 있는 다양한 인식, 사고, 학습 활동 등을 기계가 할 수 있도록 구현하는 기술, 기술을 연구하는 학문 분야
> ■ 인간의 지적 능력을 컴퓨터를 통해 구현하는 기술
> ■ 인공지능은 컴퓨터 프로그램을 이용해 인간의 학습 능력, 추론 능력, 지각 능력, 자연어의 이해 능력 등 모든 지능적인 행동들을 모방할 수 있음

2 QR코드의 인공지능 관련 영상을 시청하고, 인공지능에 대해 알게 된 사실에 대해 적어봅시다.

3 나의 일주일간의 생활을 떠올리며, 내가 경험한 인공지능들에 대해 적어봅시다.

4 QR코드를 통해 뉴스 기사를 읽고, 인공지능의 발전과정이 우리의 일상에 어떤 영향을 미칠지에 대해 적어봅시다.

2-1 인공지능이 가져올 직업의 세상 알기

20   년   월   일

☐ 자율활동   ☐ 동아리활동   ☐ 진로활동   ☐ 진로수업   ☐ 교과수업   ※ 해당활동에 체크

성취기준 [9진02-02] 사회적 변화에 따라 새롭게 등장한 직업과 사라진 직업에 대해 설명할 수 있다.

1 QR코드를 통해 뉴스를 시청하고, 인공지능 기술에 의해 어떤 일자리들이 대체될 것 같은지 예측하여 적어봅시다.

2 인터넷 검색을 통해 인공지능 기술에 의해 대체될 가능성이 큰 직업들을 숙련도와 정형성을 기준으로 하여 적어봅시다.

높음	<AI 대체 가능성 : 중간>	<도형>
숙련도 **낮음**	<AI 대체 가능성 : 높음>	<AI 대체 가능성 : 낮음>
	낮음 비정형성 높음	

3 모든 직업이 인공지능에 의해 대체되지는 않겠죠? 그렇다면 QR코드로 영상을 시청하고 인공지능에 의해 새롭게 생겨날 직업들에 대해 적어봅시다.

6교시 미래 기술로 알아보는 미래 직업

3-1 미래 직업의 방향 알기

20   년   월   일

☐ 자율활동   ☐ 동아리활동   ☐ 진로활동   ☐ 진로수업   ☐ 교과수업   ※ 해당활동에 체크

> **성취기준**   [9진02-02] 사회적 변화에 따라 새롭게 등장한 직업과 사라진 직업에 대해 설명할 수 있다.

1 인공지능 기술로 인해 앞으로의 직업은 기존의 직업이 고부가치화 되는 방향으로 변화될 가능성이 커집니다. 금융, 의료, 언론에서 어떤 직업들이 고부가치화가 될지 검색하여 적어봅시다.

서비스	변화될 방향	고부가치화 될 직업들
금융 서비스		
의료 서비스		
언론 서비스		

2 (인터넷 검색) 인공지능 기술로 인해 직업의 세분화 및 전문화될 직업 중 예시들을 살펴보고, 빈칸에 들어갈 직업이 어떤 직업인지 적어봅시다.

■ ( )	-우리의 실생활에 도움을 줄 수 있는 로봇을 연구하고 개발하는 직업 -필요한 지식 : 전기, 전자, 전산, 기계 분야
■ ( )	-노인들의 생활 수준과 가족 상황, 미래 계획 등을 파악 -건강, 일, 경제, 정서, 죽음 관리 등의 업무를 전문적으로 수행

3 (인터넷 검색) 인공지능 기술로 인해 과학 기술의 진보로 인해 생겨날 새로운 직업들의 예시들을 살펴보고, 빈칸에 들어갈 직업이 어떤 직업인지 적어봅시다.

■ ( )	-우리의 실생활에 도움을 줄 수 있는 로봇을 연구하고 개발하는 직업 -필요한 지식 : 전기, 전자, 전산, 기계 분야
■ ( )	-노인들의 생활 수준과 가족 상황, 미래 계획 등을 파악 -건강, 일, 경제, 정서, 죽음 관리 등의 업무를 전문적으로 수행
■ ( )	-네트워크로 연결되어 소유가 아닌 공유개념으로 자원을 나누어 쓰는 공유 경제가 발달함에 따라 등장함.
■ ( )	-인간 복제, 유전자 조작 등 기술 발전이 초래할 수 있는 사회적 영향을 윤리적 이슈로 다루는 직업들로, 괄호 안의 직업 외에도 미디어 윤리학자, 기계 언어학자가 있음.

4-1 인공지능이 가져올 생활의 변화 알기

20　년　　월　　일

☐ 자율활동　　☐ 동아리활동　　☐ 진로활동　　☐ 진로수업　　☐ 교과수업　　※ 해당활동에 체크

성취기준　[9진02-02] 사회적 변화에 따라 새롭게 등장한 직업과 사라진 직업에 대해 설명할 수 있다.

1 우리의 실제 생활 속에 인공지능이 어떤 역할을 하고 있는지, 읽기 자료를 읽어보고, 앞으로의 사회가 어떠한 방향으로 변화해 갈지 적어봅시다.

6교시 미래 기술로 알아보는 미래 직업

AI 활용사례	현재의 직업	앞으로의 직업의 변화
(예시 답안)AI 튜터	강사, 교사, 교수 등	앞으로의 전문적인 지식을 전달하는 직업의 역할은 현재의 강사, 교사, 교수가 아니라 AI가 전달할 것으로 보인다. 우리는 이러한 AI 튜터들을 어떠한 방향으로 활용할지에 대해 고민하고 준비해야 한다.

2 내가 꿈꾸는 미래의 직업이 인공지능의 확산으로 인해 어떠한 영향을 받을지 적어봅시다.

내가 꿈꾸는 미래의 직업	인공지능의 확산으로 인한 역할	앞으로 나의 진로 준비 과정

5-1 미래 변화와 직업 알기

20   년   월   일

☐ 자율활동　☐ 동아리활동　☐ 진로활동　☐ 진로수업　☐ 교과수업　　※ 해당활동에 체크

성취기준　[9진02-02] 사회적 변화에 따라 새롭게 등장한 직업과 사라진 직업에 대해 설명할 수 있다.

1 미래의 변화에 대하여 충분한 정보를 갖추도록 미래 직업에 대한 연상 퀴즈를 풀고 정답을 맞춰봅시다.

하는 일
- 이 직업은 기존의 인물이나 사물 등을 용도에 맞게 새로운 모습 또는 특성을 살려 디자인함.
- 시장 조사를 통해 필요한 아이템을 선정, 시각적으로 표현하는 일을 함.
- 캐릭터의 특성과 쓰임에 따라 그 캐릭터에 얽힌 스토리를 만들고, 관련된 상품들을 개발하고 이 상품의 활용방안을 제안함.

활동하는 분야
- 시각디자인, 산업디자인, 아트디자인 등 다양한 분야에서 일함.
- 우리가 일상생활에서 사용하는 제품(가구, 팬시 및 완구, 보석, 가방 및 신발, 조명)을 디자인하는 분야와 출판물, 게임, 광고, 영상 그래픽 등 다양한 산업에서 활동함.

- 적성: 창의력, 예술 시각 능력
- 흥미: 그림 그리기를 좋아하고 이야기를 만들어 내는 일을 즐겨야 함, 사람들이 좋아하는 것에 관심이 많고, 다른 사람들이 표현한 작품이나 이야기에도 공감하는 것을 좋아함.

준비 과정
- 애니메이션, 디자인 분야의 공부가 필요함.
- 고등학교, 대학, 대학원 등에서 관련된 전공을 공부하면 유리
- 시각디자인 산업기사, 컴퓨터 그래픽스 운용기능사 등의 자격증이 필요

이 직업의 이름은?

출처 : 커리어넷-직업정보-미래 직업

6교시 미래 기술로 알아보는 미래 직업

2 미래의 변화에 대하여 충분한 정보를 갖추도록 미래 직업에 대한 연상 퀴즈를 풀고 정답과 맞춰봅시다.

하는 일
■ 이 직업은 기술 분야와 서비스 분야로 나뉠 수 있는데, 기술 관련 전문가는 홀로그램을 데이터로 생성하고 처리하는 연구와 개발을 담당, 서비스 분야의 전문가는 개발된 기술을 바탕으로 문화 공연이나 전시를 기획, 설계하여 콘텐츠를 제작함으로 사람들이 직접 볼 수 있도록 일을 함.

활동하는 분야
■ 영상 콘텐츠를 기획하고 제작하는 분야와 관련성이 높음.
■ 영상이나 공연 등 문화 콘텐츠 산업, 미래에는 교육, 보안, 의료, 건축 등으로 더 나아갈 것으로 생각함.

■ 적성: 창의력, 예술 시각 능력
■ 흥미: 미술이나 음악 등 예술적으로 표현하는 것을 즐겨야 함. 컴퓨터로 프로그램을 만드는 것을 좋아하고 장치나 장비를 다루는 것에 흥미가 있어야 함.

준비 과정
■ 대학에서 전기·전자공학과나 물리학과, 컴퓨터 공학과 등에 진학하면 도움이 됨.
■ 시각디자인이나 영상 그래픽 디자인 등 디자인 관련 전공자가 유리함.

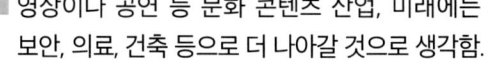

이 직업의 이름은?

출처 : 커리어넷-직업정보-미래 직업

3 미래의 변화에 대하여 충분한 정보를 갖추도록 미래 직업에 대한 연상 퀴즈를 풀고 정답과 맞춰봅시다.

하는 일
■ 이 직업은 작물이나 흙의 상태에 따라서 적합한 비료와 농약 등을 사용하여 환경을 보호하고 가장 효율적으로 농사를 짓는 기술을 개발, 농민들에게 농업기술을 교육하고 전문적인 조언을 제공, 필요한 기계를 관리하고 작업 정보를 분석, 토양과 기후 등에 관한 정보를 분석하여 농업인들에게 제공

활동하는 분야
■ 작물 재배 종사자, 농업 환경 생태 연구원, 농업 기술자, 농업용 기계 정비원, 스마트 팜 구축가 등
■ 경오염이나 기후변화로부터 농업 환경을 보전하기 위해 연구함.

■ 적성: 자연친화력, 수리 논리력
■ 흥미: 다른 기술자와 더불어 팀 작업을 할 뿐 아니라 많은 농민을 만나서 대화하고 이야기를 들어야 함, 농업과 관련된 일은 꾸준하게 기다리고 꼼꼼하게 데이터를 관리할 수 있는 사람에게 어울림.

준비 과정
■ 전문대학이나 대학교에서 농업 관련 학과에 진학하는 것이 유리함. 농학과, 농업생물학과, 식물자원학과 등, 대학원에서 농업 관련 전공 공부를 해야 함. 특성화고나 마이스터고 진학도 유리함.
■ 농기계정비기능사, 농업기계기사/산업기사, 유기농 농업기사/산업기사/기능사, 원예기능사, 시설원예기술사/기사 등의 자격이 유리함.

이 직업의 이름은?

출처 : 커리어넷-직업정보-미래 직업

6교시 미래 기술로 알아보는 미래 직업

6-1 빅데이터로 이해하는 미래 사회 알기

20   년   월   일

☐ 자율활동   ☐ 동아리활동   ☐ 진로활동   ☐ 진로수업   ☐ 교과수업   ※ 해당활동에 체크

성취기준   [9진02-02] 사회적 변화에 따라 새롭게 등장한 직업과 사라진 직업에 대해 설명할 수 있다.

1 다음의 QR코드를 검색하여, 빅카인즈(https://www.bigkinds.or.kr/)를 검색 방법을 알아보자.

빅카인즈 기초 튜토리얼을 시청한 후, 빅카인즈를 방문하여 '인공지능 미래직업'이라는 키워드를 검색하고, 학생들이 신사업 분야의 희망하는 직업들에 대해 정리해 봅시다.

인공지능(AI)전문가, 정보보안전문가 등 신산업 분야 직업을 희망하는 학생도 느는 추세다.

지난해 한국직업능력연구원이 발표한 '디지털 전환에 따른 신직업 20선'을 보면 사물인터넷 개발자. 인공지능 개발자, 가상현실 개발자, 자율주행차 개발자. 스마트팜 개발자, 메타버스 콘텐츠 개발자, 지능형 교통체계 전문가, 생물정보 분석가 등이 순위에 올랐다.

2 (회원가입 필요) 연관어 분석기능을 이용하여 '인공지능 미래 직업'의 워드 클라우드를 검색 결과를 그려봅시다.

(예시 답안)

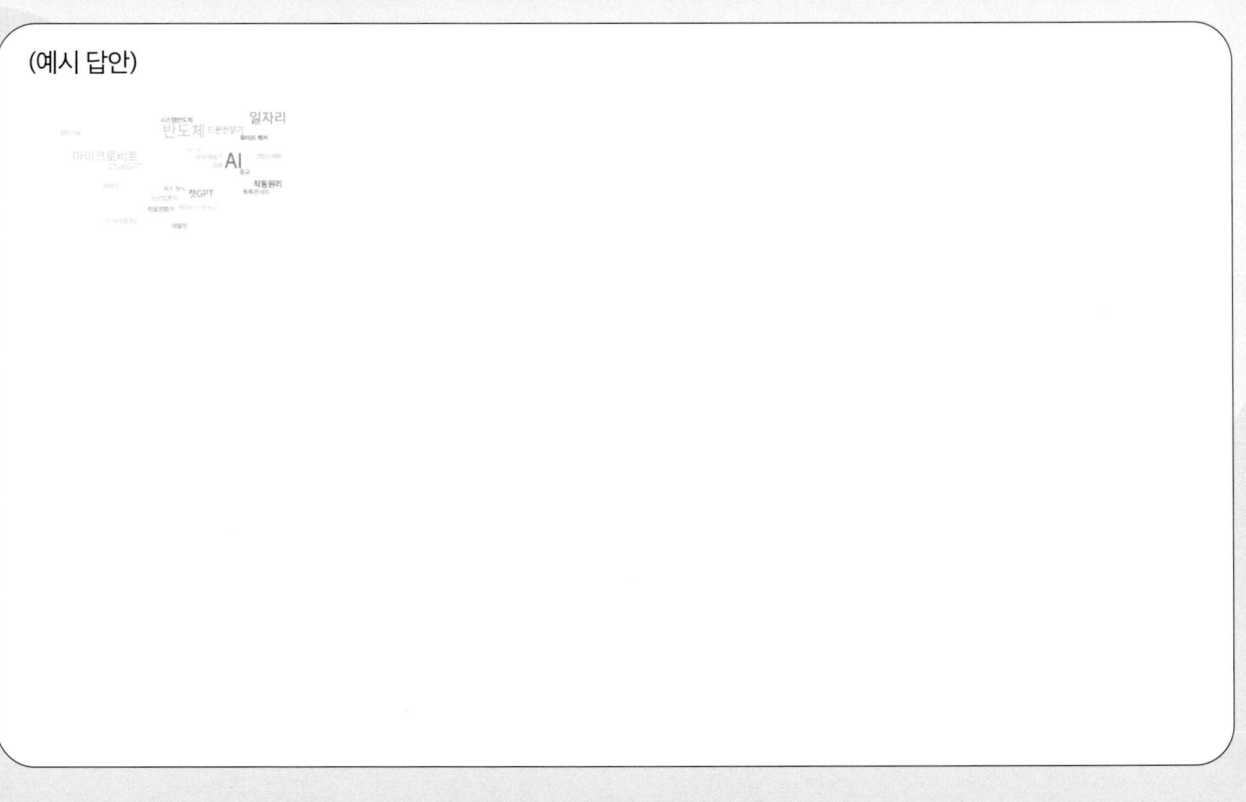

3 1~3번의 활동을 통해 '인공지능 미래 직업'과 관련되어 많이 언급된 키워드 2개를 고르고, 자신의 미래 직업과 관련하여 어떠한 준비를 해야 할지 적어봅시다.

많이 언급된 키워드	준비 과정
1.	
2.	

4 빅데이터를 이용한 '인공지능 미래 직업'에 대해 알아본 소감을 적어봅시다.

7-1 챗GPT 이야기

20　　년　　월　　일

☐ 자율활동　☐ 동아리활동　☐ 진로활동　☐ 진로수업　☐ 교과수업　※ 해당활동에 체크

성취기준 [9진02-02] 사회적 변화에 따라 새롭게 등장한 직업과 사라진 직업에 대해 설명할 수 있다.

1 Chat GPT를 이용하는 순서를 보고, Chat GPT와 친해집시다.

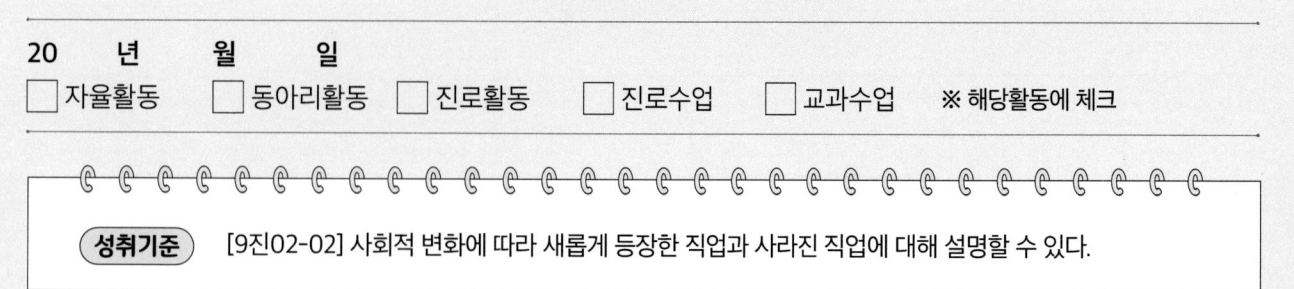

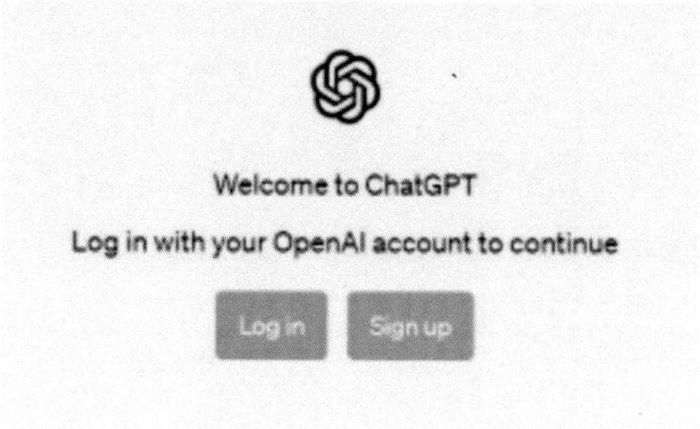

크롬에(구글) 챗 GPT를 검색하여, Sing up(회원가입)을 진행합니다. 구글 계정이 있다면 쉽게 회원가입을 할 수 있습니다.
-혹은 아이가 있다면 로그인해주세요.

바로 질문을 해봅시다.(챗 GPT는 영어로 학습했기 때문에 영어로 질문을 해야 더 정교한 대답을 얻을 수 있습니다. 네이버 파파고를 이용해서 챗GPT를 이용해보세요.

축구와 관련된 직업은 다양하며, 축구 선수, 감독, 스카우터, 스포츠 저널리스트, 스포츠 마케터, 스포츠 에이전트 등이 있습니다. 이러한 직업들은 축구 산업에서 다양한 역할을 수행하며 축구와 관련된 전문 지식과 기술이 필요합니다.

1. 축구 선수: 축구 경기에서 경기력과 기술을 발휘하여 경기에 참여하는 직업입니다. 축구 선수는 경기력을 향상시키기 위해 신체적인 훈련과 전술적인 이해력을 갖추어야 합니다.
2. 감독: 축구 팀을 이끌고 훈련과 경기 전략을 계획하며, 선수들을 관리하는 역할을 수행합니다. 감독은 축구 전술과 선수들의 개별 능력을 이해하고 지도할 수 있어야 합니다.
3. 스카우터: 잠재적인 선수들을 발굴하고 평가하는 역할을 합니다. 스카우터는 경기를 분석하고 선수들의 잠재력과 적합성을 평가하여 팀에 적합한 선수들을 찾아내는 역할을 합니다.
4. 스포츠 저널리스트: 축구와 관련된 뉴스, 이벤트, 경기 결과 등을 보도하는 역할을 합니다. 스포츠 저널리스트는 축구에 대한 지식과 기술적인 이해력, 기자적인 글쓰기 능력이 필요합니다.
5. 스포츠 마케터: 축구 팀이나 대회를 홍보하고 마케팅하는 역할을 합니다. 스포츠 마케터는 축구 경기의 매력을 강조하고 스폰서와의 계약 등을 조율하여 팀이나 대회의 가치를 최대화합니다.
6. 스포츠 에이전트: 축구 선수와 클럽, 스폰서 등 간의 계약 조율과 협상을 담당하는 역할을 합니다. 스포츠 에이전트는 축구 산업에 대한 이해와 선수와 클럽 간의 이해관계를 조율하는 능력이 필요합니다.

질문에 대한 챗 GPT의 대답 예시(축구와 관련된 직업)

축구와 관련된 학과로는 다음과 같은 전공들이 있습니다.

1. 체육학/스포츠 과학: 축구의 신체적인 측면과 운동 생리학, 훈련 및 영양 등에 대한 전문 지식을 습득할 수 있는 학과입니다.
2. 스포츠 경영/마케팅: 스포츠 산업과 관련된 경영, 마케팅, 스포츠 마케팅 전략 등을 배울 수 있는 학과입니다.
3. 스포츠 저널리즘: 스포츠 뉴스 및 저널리즘에 대한 전문적인 지식과 기자적인 글쓰기 능력을 개발할 수 있는 학과입니다.
4. 스포츠 코칭/감독학: 팀의 훈련 및 경기 전략을 계획하고 관리하는 기술과 지식을 습득할 수 있는 학과입니다.
5. 스포츠 경제학: 스포츠 산업의 경제적인 측면과 이론에 대한 이해를 통해 축구와 관련된 경제 활동을 분석하고 이해할 수 있는 학과입니다.

이러한 학과들을 통해 축구와 관련된 다양한 직업들을 추구할 수 있으며, 축구 산업에서 필요한 전문 지식과 기술을 습득할 수 있을 것입니다.

질문에 대한 챗 GPT의 대답 예시(대학 학과와 관련된 질문)

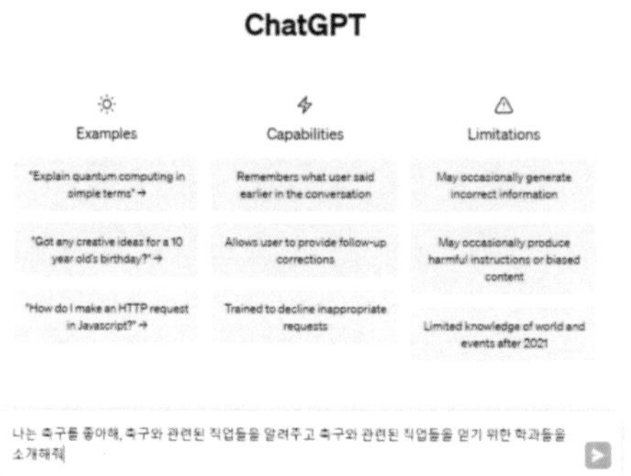

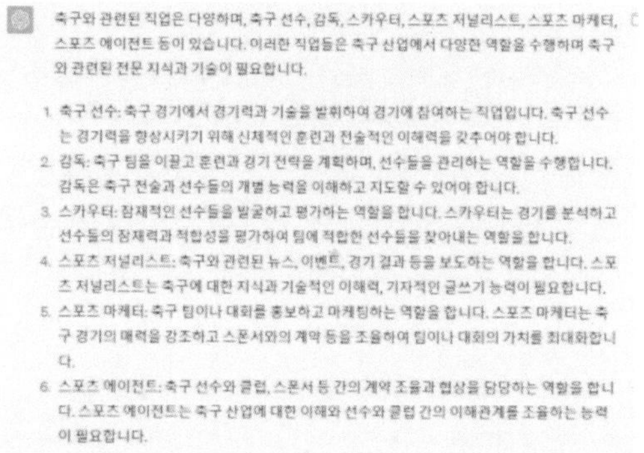

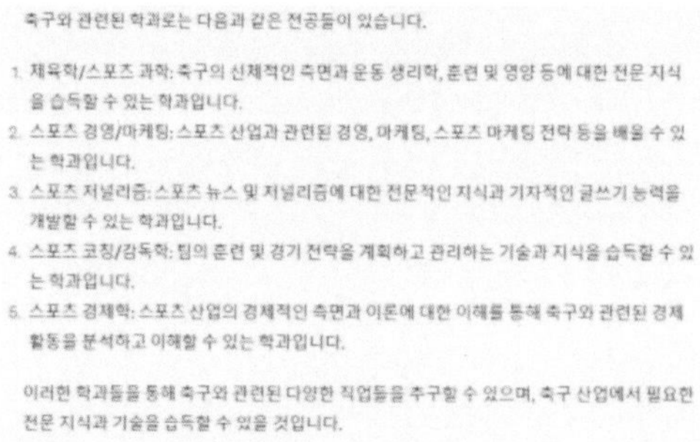

2 챗 GPT를 잘 활용하기 위해서는 질문을 잘해야 합니다. 질문을 잘하는 4가지 방법을 읽어봅시다.

1. 원하는 바를 상세하게 작성합시다.

"업무를 쉽게 하려면 어떻게 하면 돼?"
→ "블로그 포스팅 작성을 더 효율적으로 하고 싶은데 어떤 식으로 하면 돼?"와 같은 질문

2. 배경 정보를 제공하여 질문해봅시다.

"블로그에 업로드할 주제엔 어떤 것이 있을까?" →"블로그에 업로드 할 주제를 작성하고 싶어. 아래를 참고해서 10가지 정도로 작성해줘."
블로그 관리자 :2명
관심 분야: 여행, 마케팅
타켓층 : 20~30대

3. 챗GPT에게 역할과 조건을 주어서 질문을 해봅시다.
-네가 유명한 블로거라고 생각하고 1,500자 정도의 롯데월드의 포스팅을 적어줘.

4. 한 번에 한 가지 주제의 질문을 해봅시다.
출처 :https://www.youtube.com/watch?v=k_jT4MnEqN0&t=26s

3 2번의 질문을 잘하는 법을 생각하며, 나는 대학교 졸업 후 홀로 5박 6일 해외(나라는 직접 선정)여행을 갈 예정입니다. 챗GPT에게 질문을 하여(질문1~4 모두 충족), 5박 6일의 일정을 작성해 봅시다.

챗GPT에게 한 질문

Day1.

Day2.

Day3.

Day4.

Day5.

Day6.

8-1 챗GPT로 알아보는 미래 진로 로드맵

20   년   월   일

☐ 자율활동   ☐ 동아리활동   ☐ 진로활동   ☐ 진로수업   ☐ 교과수업   ※ 해당활동에 체크

성취기준 [9진02-02] 사회적 변화에 따라 새롭게 등장한 직업과 사라진 직업에 대해 설명할 수 있다.

1 챗 GPT를 이용하여 나의 미래 진로 로드맵을 구상해봅시다.
나의 흥미와 적성(내가 직접 생각하여 작성)

흥미

적성

2 아직 내가 잘하고 좋아하는 것이 무엇인지 잘 모르는 친구들에게 자신이 평상시 많은 시간을 할애하는 일들을 챗GPT에게 적어 보고, 흥미와 적성을 찾는 방법에 대해 정리하여 봅시다.

챗GPT의 답변	여러분이 챗GPT에게 받은 답변을 적어봅시다.

3 나의 미래 진로 로드맵을 완성하기 위해 챗GPT를 활용하여 로드맵을 완성해 봅시다.

항목	챗GPT에게 한 질문	진로 로드맵
내가 관심있는 직업 (나의 생각을 적을 것)		
직업과 관련된 대학의 학과(전공)		
필요한 자격증		
핵심 역량		
연봉		
직업의 만족도		

9-1 챗GPT로 알아보는 나의 학업 설계

20   년   월   일

☐ 자율활동   ☐ 동아리활동   ☐ 진로활동   ☐ 진로수업   ☐ 교과수업   ※ 해당활동에 체크

성취기준 [9진02-02] 사회적 변화에 따라 새롭게 등장한 직업과 사라진 직업에 대해 설명할 수 있다.

1 챗GPT를 이용하여(질문: 나는 고등학교 생활을 앞둔 중학교 3학년이야. 그런데 나는 문해력이 높지 않아. 어떻게 하면 나의 문해력을 높일 수 있을까? 등 자신의 현재 상황을 질문) 어떤 방법으로 공부를 잘 할 수 있는지 5가지 이상 적어봅시다.

내가 챗GPT에게 한 질문	챗GPT의 대답
	1. 2. 3. 4. 5.

2 챗GPT의 대답을 듣고, 나의 학업설계(내가 부족한 부분, 어떠한 방법으로 공부를 할지 등)에 대한 간단한 플랜을 작성해 봅시다.

내가 부족한 부분	
챗GPT의 대답을 듣고, 내가 준비해야 할 부분들	
구체적인 계획	

10-1 챗GPT 이후 미래 직업 알아보기

20   년   월   일

☐ 자율활동   ☐ 동아리활동   ☐ 진로활동   ☐ 진로수업   ☐ 교과수업   ※ 해당활동에 체크

성취기준   [9진02-02] 사회적 변화에 따라 새롭게 등장한 직업과 사라진 직업에 대해 설명할 수 있다.

1 챗GPT를 활용하여 "AI로 인해 의사 등의 직업이 사라질까?"라는 질문 등 인공지능으로 인해 미래 사회에 없어질 것으로 생각되는 직업들을 조사해보고, 앞으로 필요한 역량에 대해 정리해 봅시다.

내가 챗GPT에게 한 질문	챗GPT의 대답

앞으로 필요한 역량들

2 챗GPT로 인해 새롭게 생겨나는 직업 중 하나에 대해 챗GPT에게 질문해 봅시다.
질문 예시 : 프롬프트 엔지니어가 어떤 직업이고, 어떤 업무를 하는지 실제 업무 사례를 3가지 이상 알려줘.

챗GPT에게 한 질문	
새롭게 생겨나는 직업	
그 직업이 하는 업무	1. 2. 3.
그 직업이 필요한 역량	1. 2. 3.

6교시 미래 기술로 알아보는 미래 직업

3 챗GPT시대 유망한 직업 10개를 질문하고, 이에 대한 챗GPT의 답변을 정리해 봅시다.

유망한 직업	직업이 하는 일
1.	
2.	
3.	
4.	
5.	
6.	
7.	
8.	
9.	
10.	

4 챗GPT를 활용하는 시대, 우리에게 필요한 핵심 역량 3가지에 대해 챗GPT에게 질문하고 정리해 봅시다.

필요한 역량(질문)	
1. 질문력 (질문을 잘하는 법이 뭐야?)	
2. 다양한 경험 (다양한 경험이 챗GPT를 활용하는 시대에 중요한 이유가 뭐야?)	
3. 메타인지 (챗 GPT시대에 나의 생각을 제대로 표현하는 것이 중요한 이유가 뭐야?)	

활기찬 중학교 생활 워크북: 나만 알고 싶은 시크릿 가이드

초판발행   2025년 1월 5일

지은이   이윤형·김민정·조은경·정동완
펴낸이   노 현

편 집   이혜미
기획/마케팅   이선경
표지디자인   맨디디자인
제 작   고철민·김원표

펴낸곳   **㈜피와이메이트**
            서울특별시 금천구 가산디지털2로 53, 210호(가산동, 한라시그마밸리)
            등록 2014.2.12. 제2018-000080호
전 화   02)733-6771
f a x   02)736-4818
e-mail   pys@pybook.co.kr
homepage   www.pybook.co.kr
ISBN   979-11-7279-063-9   93370

정 가   15,000원